2등은 없다

애플, 삼성, LG의 명암을 가른 포지셔닝 전략
2등은 없다

김대원 지음

www.book21.com

 CONTENTS

프롤로그 - 애플 쇼크 1년 후 · 08

1부 스마트폰 이전 한국 휴대폰 시장 - 국내 업체의 황금기

1장 한국 휴대폰 시장의 역사
01 서울올림픽 체면치레를 위한 첫 휴대폰 개발 · 19
02 모토로라를 누른 '애니콜'의 등장 · 22
03 1996년, 글로벌로 도약하다 · 26
04 삼성과 LG, 국내 시장을 평정하다 · 28

2장 변화의 물결
01 삼성전자 휴대폰의 위기 · 35
02 아이폰 직전까지 눈앞의 신흥 시장 격전에 주목 · 38
03 양극화된 시장 · 40

2부 애플 아이폰 - 스마트폰 전쟁의 발발

1장 아이폰 왜 늦어졌나?
01 아이폰 도입을 원천적으로 막은 위피 · 47
02 이동통신사의 카르텔로 인해 더뎌진 스마트폰 도입 · 49
03 휴대폰 제조사와 이동통신사 간 사실상 담합 · 55
04 애플의 글로벌 스탠더드 고수 정책으로 더디게 진행된 아이폰 도입 협상 · 57

2장 아이폰, 열풍을 불러오다
01 애플 아이폰, 삼성전자 옴니아2를 누르다 • 65
02 만년 2위 KT, 1위를 위해 아이폰을 택하다 • 67
03 아이폰 쇼크에 SK텔레콤의 철옹성이 금 가다 • 70
04 아이폰, 스마트폰을 대세로 만들다 • 74

3장 아이폰 승리의 비밀
01 애플의 휴대폰 역사 • 79
02 아이폰의 강점 • 86
03 애플 기업 가치 향상에 대한 아이폰의 기여도 • 95
04 아이폰의 향후 전망 • 98
05 스마트폰의 핵심인 에코 시스템 • 101
06 스마트폰 성공의 핵심 키워드, 상생 • 104

3부 삼성 – 준비했지만 철저하지 못했다

1장 불성실한 준비
01 미래의 스마트폰보다 현재의 신흥 시장 패권에 관심 • 113
02 스마트폰의 중요성을 인식하다 • 116
03 첫 스마트폰을 통해 본 삼성전자의 타깃 포인트와 포지셔닝 • 120
04 스마트폰 수요에 대한 확신 부재 • 123

2장 위기의식과 대응 방안

01 예상치 못한 아이폰의 성공 • 127

02 급한 마음에 저가 정책 • 130

03 삼성전자의 위기 인식 • 133

04 갤럭시로 주목받는 삼성전자 • 135

05 갤럭시S를 통해 본 삼성전자의 저력과 한계 • 137

06 삼성전자의 스마트폰 포지셔닝 전략 • 141

4부 LG – 안일한 발상과 뒤늦은 대응

1장 더 좋은 휴대폰에 대한 개념 차이

01 스마트폰 이전의 황금기에 젖다 • 149

02 LG에게 스마트폰은 더 좋은 일반폰일 뿐 • 154

03 때늦은 스마트폰 중요성 인식 • 156

04 엉뚱한 대응 • 158

2장 잘못된 포지셔닝 전략

01 스마트폰 대비가 절대 부족했던 LG전자 • 163

02 LG전자 주가 굴욕 – 목표 주가 반 토막, 신저가 • 168

03 LG전자의 포지셔닝과 OS 전략 • 175

5부 2등 전략의 한계

1장 한국 휴대폰, 기업 트렌드를 놓치다
01 스마트폰의 한국형 정의 • 185
02 열위에 있던 삼성과 LG의 스마트폰 경쟁력 • 188
03 마케팅 전략을 통해 본 삼성과 LG의 스마트폰 인식 • 191

2장 잘못된 전략의 결과
01 2등 전략의 한계 • 201
02 위기 속 삼성전자와 LG전자 성패 가른 포지셔닝 전략 • 208

에필로그 - 모바일 시대의 착각과 한국 기업의 과제 • 214
주석 • 230

| 프롤로그 |

애플 쇼크 1년 후

"왜 천하의 LG전자가 이렇게 맥을 못 추나?" "삼성전자는 왜 이렇게 잘나가지?" 요즘 세간에 떠도는 말들이다. 애플 쇼크 1년 후 국내 기업들의 명암은 극명하게 갈렸고, 그 위상은 천지 차이가 됐다.

삼성전자는 쇼크에 흔들리지 않았다. 곧바로 몸을 추스르고는 갤럭시 시리즈를 내놓았다. 스마트폰이라는 휴대폰의 새롭고 거대한 트렌드에 합류한 것이다. 삼성전자의 갤럭시 시리즈는 스마트폰 시대에 외산폰에 맞설 국내 최고의 대항마로 자리 잡았다. 그러나 LG전자의 상황은 달랐다. 아이폰 상륙 직전까지도 승승장구하던 그들은 위축되기 시작했다. CEO 교체와 조직 개편을 단행해야 했고, 3위 팬택에 2위 자리를 내줄지 모르는 처지까지 몰리게 됐다.

한국 휴대폰 시장의 쌍두마차인 삼성전자와 LG전자의 이런 양극화된 모습은 놀라움을 금치 못하게 한다.

아이폰 이전, 한국 휴대폰 시장에서 삼성전자, LG전자, 팬택의 위상은 막강했다. 특히 삼성전자와 LG전자, 두 업체의 시장지배력은 엄청났다. 삼성전자는 시장점유율 50%를 넘나들며 시장을 흔들었다. LG전자도 이 못지않았다. 30% 안팎의 시장점유율을 기록하며 막강한 지배력을 행사했다. 팬택은 10% 수준의 시장점유율을 유지하며 두 기업이 경쟁하는 틈바구니에서 고유한 영역을 확보하고 있었다(〈표 1〉, 〈그림 1〉 참고).

한국에서 팔리는 휴대폰 10대 중 9대가 국산일 정도로 한국 기업들의 시장지배력은 막강했다. 이러한 시장지배력을 무너뜨리려는

■ 〈표 1〉 2009년 월별 국내 휴대폰 판매량 및 삼성전자와 LG전자의 시장점유율

(단위: 1000대)

월	휴대폰 판매량	삼성전자	LG전자
1월	1500	49%	29.3%
2월	1680	50%	29.4%
3월	1880	49%	30.7%
4월	2080	48%	30.1%
5월	2580	50%	30.3%
6월	3040	52%	33.2%
7월	2570	53%	32.3%
8월	2000	55%	28.3%
9월	1440	55.8%	27.5%
10월	1370	56%	22.5%
11월	1450	50%	22.1%
12월	1930	49%	20.9%
평균	1960	51.4%	28.1%

※ 자료: "삼성·LG 휴대폰 내수시장 점유율 변화", 〈뉴시스〉, 2010년 1월 4일

■ 〈그림 1〉 국내 휴대폰 시장점유율

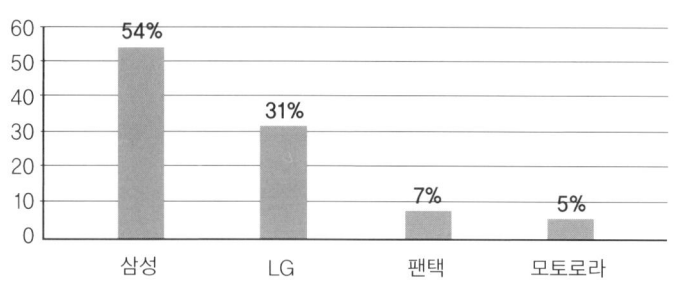

※ 기준 시점: 2009년 2분기
※ 자료: 하준두 애널리스트, "산업별 이슈 및 전망-아이폰 국내 출시에 따른 영향", 〈신한금융투자〉, 2009년 12월

글로벌 기업들의 시도가 아예 없었던 것은 아니다. 노키아, 모토로라 등은 세계 시장에서 인기를 끌었던 주력 기종을 내세워 국내 기업과 승부를 벌였다. 이들은 전 세계적으로 유명한 모델이 등장하는 TV 광고를 국내에 방영했다. 자신들의 제품이 '세계 속에서 통하는' 휴대폰임을 강조한 것이다.

그러나 그 성적은 초라했다. 시장점유율 10% 안팎에서 명맥만 유지할 뿐이었다. 전 세계 휴대폰 시장의 40%를 장악한 노키아가 한국에서는 10%도 차지하지 못했다. 모토로라도 마찬가지였다. 스타택(StarTac), 레이저(RAZR), 레이저2(V9m) 등 마니아층을 형성한 일부 제품[1]을 제외하고는 흥행에 성공하지 못했다. 이 때문에 한국 휴대폰 시장은 '외산폰의 무덤'으로 불렸다.

국산폰 중심으로 공고히 유지되던 한국 휴대폰 시장의 판세는 2009년 11월에 등장한 신제품에 의해 무너졌다. 휴대폰 사업을 시작한 지 3년도 안 된 업체가 만든 휴대폰이었다. 주인공은 바로 애플의 아이폰이다.

아이폰은 등장과 동시에 휴대폰 시장에서 막강한 지배력을 행사하던 삼성전자와 LG전자의 힘을 단번에 꺾었다. 출시 직후 한 주 동안 휴대폰 중 가장 높은 판매고를 기록하는 세몰이를 하며, 휴대폰 시장에서 3%에 불과하던 스마트폰의 비중을 일주일 만에 19%로 끌어올렸다.

아이폰 이전까지, 한국에서 팔리는 휴대폰은 일반폰(feature phone) 일색이었다. 아이폰 출시 이후 한국 휴대폰 시장은 스마트폰 중심으로 재편됐다(〈그림 2〉, 〈그림 3〉, 〈그림 4〉 참고). 국내 휴대폰 업체들은 그 이전까지 절대적인 시장지배력을 갖고 있었음에도 불구하

■ 〈그림 2〉 2009년 12월 1주차 휴대폰 판매량 (단위: 1000대)

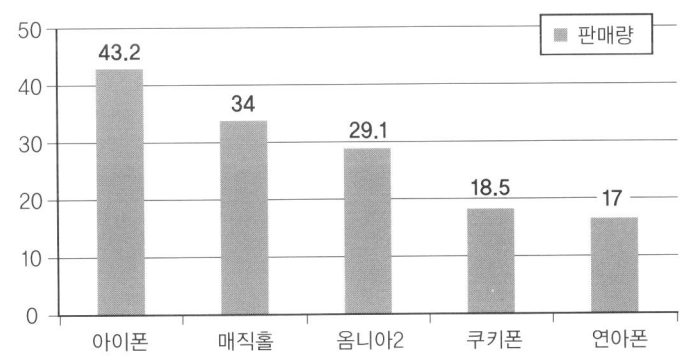

※ 자료: 하준두 애널리스트, "산업별 이슈 및 전망-아이폰 국내 출시에 따른 영향", 〈신한금융투자〉, 2009년 12월

■ 〈그림 3〉 2010년 한국 휴대폰 시장에서 스마트폰의 비중

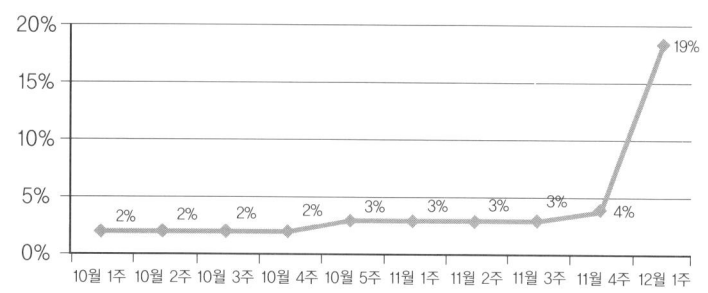

※ 자료: 하준두 애널리스트, "산업별 이슈 및 전망-아이폰 국내 출시에 따른 영향", 〈신한금융투자〉, 2009년 12월

■ 〈그림 4〉 아이폰 판매 전 한국에서 가장 많이 팔린 5개 휴대폰 (단위: 1000대)

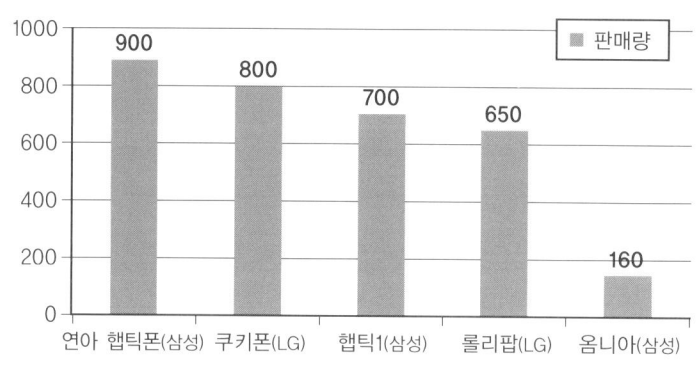

※ 기간: 2009년 1월~2009년 11월(아이폰 출시 전)
※ 자료: 〈세계일보〉

고, 외국산 휴대폰의 진입에 맥없이 무너졌다. 여기까지가 애플 아이폰이 초래한 충격파에 국내 기업이 겪은 공통적인 일이다.

위기를 맞은 1년 후, 국내 휴대폰 업체들의 모습은 각각 달랐다.

삼성전자와 LG전자는 전혀 다른 길을 걸었다. 앞서 한 차례 언급했듯, 삼성전자는 그 위세를 스마트폰으로까지 확장시켰지만, LG전자는 기존의 2위 자리도 위협받는 처지에 놓였다.

기업 본연의 경쟁력은 위기 후에 드러나는 법이다. 위기는 평상시 감추어졌던 속살을 노출시킨다. 외부 충격을 받은 후 회복하는 모습에서 기업의 저력이 배어 나온다. 애플의 아이폰 등장이란 위기 후, 삼성전자와 LG전자가 보여준 각기 다른 모습은 휴대폰 부문에서 해당 기업의 근본 경쟁력을 방증한다고 볼 수 있다.

나는 두 글로벌 기업이 위기를 돌파해 나가는 과정에서 극명한 대조를 보인 이유가 스마트폰이라는 새로운 제품군에서의 역량 차이 때문만은 아니라고 생각했다. 그보다는 스마트폰에서의 격차를 야기한 보다 본질적인 전략의 차이가 있을 것이라 믿었다.

이 책은 "두 기업이 서로 다른 길을 가게 된 근본적인 원인은 무엇일까?"라는 물음에 대한 해답을 찾는 과정에서 나왔다. 하나의 결과에는 다양한 원인이 있겠지만, 각 기업이 시장과 제품을 대하는 근본적인 태도와 전략이 최종 산물의 차이를 빚어낸 시발점이라 볼 수 있다. 글의 이해도를 높이기 위해 전작 《애플 쇼크》에서 다룬 부분도 일부 차용했다. 그러나 그것을 단순 가공하는 데 그치지 않고, 자세하게 재취재해서 글의 세밀도를 높였다.

글을 쓰기 위한 취재에 응해주신 분들과 책을 쓰는 데 도움을 주신 분들께 감사의 말씀을 드린다. 특히, 이승주 KDI국제정책대학원 교수님과 이소헌 님께 심심한 사의를 표한다.

1부

스마트폰 이전 한국 휴대폰 시장
– 국내 업체의 황금기

1장
한국 휴대폰 시장의 역사

1994년 삼성전자와 모토로라의 국내 휴대폰 시장점유율은 26% 대 53%였다. 그러나 1년 만에 시장점유율이 급변했다. 1995년 7월 삼성전자는 시장점유율 50%를 넘기며 1위로 등극했다. 모토로라는 2위로 떨어졌다.

국내 휴대폰 시장이 재편되는 이러한 과정에서 삼성전자의 애니콜이 가장 돋보였지만, LG전자의 싸이언(Cyon)과 팬택앤큐리텔(Pantech & Curitel)도 만만치 않았다. 이 회사들의 휴대폰 역시 외산폰에 비해 높은 시장점유율을 기록했다.

01
서울올림픽 체면치레를 위한 첫 휴대폰 개발

삼성전자는 1988년 서울올림픽에 맞춰 첫 휴대폰인 SH-100을 선보였다. 이 모델은 삼성전자 독자 개발 상품이었다. 엄밀하게 따지면 이 제품은 휴대폰이 아니다. 당시 휴대폰은 차량용 이동전화, 일명 카폰(Car Phone)이었다. 크기도 큰 데다 배터리 수명도 짧아 차량에 연결해서 써야만 했다.

한국의 휴대폰 서비스가 시작된 것은 1984년 한국이동통신(Korea Mobile Telecom,[2] 현 SK텔레콤)에 의해서다. 그해 가입자 수는 2658명에 불과했다. 그러다 1988년 삼성전자가 휴대폰을 내놓은 후 가입자가 급격히 증가하면서 1996년 100만 명, 1998년 1000만 명을 돌파했다. 2009년 3월에는 가입자가 4600만 명을 넘어, 국민의 95%가 사용하는 필수품이 됐다.

세계 첫 상용 휴대폰인 모토로라의 다이나택 8000X(DynaTAC

8000X)는 길이 33cm, 무게 794g이었다. 당시 한국 판매가는 240만 원이었다.

삼성전자의 첫 휴대폰인 SH-100은 다이나택을 본떠 만든 제품이다. 당시 삼성전자 무선개발실 연구원은 다이나택을 10대(당시 서민 아파트 3채 가격) 구입해서 분해한 후에 그것을 모방해 제품을 만들었다. 그 당시 휴대폰 개발은 일종의 국가적 과제였다. '올림픽 개최국이라면 휴대폰 정도는 만들 수 있어야 한다'는 부담이 작용했던 것이다. 이렇게 개발된 SH-100은 1988년 9월 17일 서울올림픽 개막식에서 IOC 위원들을 비롯한 귀빈 47명에게 선보였다. 그리고 1989년 5월부터 시판됐다.

각종 부대비용까지 합치면 SH-100의 가격은 400만 원에 달했다. 휴대폰 가격이 240만 원, 이동통신사 가입비가 65만 원이었다. 당시 포니자동차 한 대 값이 500만 원이었던 것과 비교하면 엄청난 고가였던 셈이다. 통화 품질은 다이나택에 비해 훨씬 뒤떨어졌다. 높은 가격과 낮은 품질의 첫 작품은 금세 시장에서 사라졌다. SH-100은 길이 20cm, 두께 4.6cm, 무게 771g으로 덩치가 우람해 '냉장고폰'이라는 별명을 얻었다. 그러나 모토로라의 다이나택에 비해 상대적으로 작게 만든 그 나름의 성과를 거둔 작품이었다.

1992년까지 삼성전자의 휴대폰은 모토로라의 제품과 현저한 격차를 보였다. 1992년 삼성전자는 SH-200 모델을 개발했다. 그러나 이 제품은 시장에 출시되지 못했다. 모토로라가 1989년에 만든 마이크로택(MicroTAC) 시리즈보다 성능이 떨어져, 삼성전자가 판매를 포기했기 때문이다. 1992년 국내에 출시된 모토로라의 마이크로택2는 국내 10대 신상품에도 선정됐다. 이 휴대폰은 무게 219g의 플립형(flip type)으로 휴대폰의 소형·경량화에 성공했다는 평을 받았다.[3] 당시 모토로라의 한국 휴대폰 시장 점유율은 63%에 달했다.

02
모토로라를 누른 '애니콜'의 등장

　삼성전자는 1993년 10월 출시한 SH-700으로 수세 국면에서 벗어났다. 바 타입(bar type)의 SH-700은 199g으로 휴대폰 무게를 100g대로 낮췄고, 길이도 14.5cm로 이전 휴대폰에 비해 작아졌다. 특히, 통화 품질이 대폭 개선됐다. 삼성전자가 독자 개발한 더블 안테나 덕분이다. 개발자들이 전국 방방곡곡을 돌아다니며 통화 상태를 점검한 결과물이란 평가도 있었다.

　이렇게 치열한 개발 과정은 이건희 회장의 '프랑크푸르트 선언'에 의해 고무되었다. 1993년 4월, 이 회장은 전 세계 삼성 경영진을 프랑크푸르트로 모았다. 하루 8시간 이상의 강연과 토론이 한 달 이상 진행됐다. 그해 6월 7일에 이 회장은 "마누라와 자식만 빼고 다 바꿔라" "2등은 아무도 기억해주지 않는다" "정신 안 차리면 구한말 같은 비참한 사태가 올 수 있다"는 충격 발언을 했다.

■ 〈그림 5〉 휴대폰 통화 불만 사항(1994년)

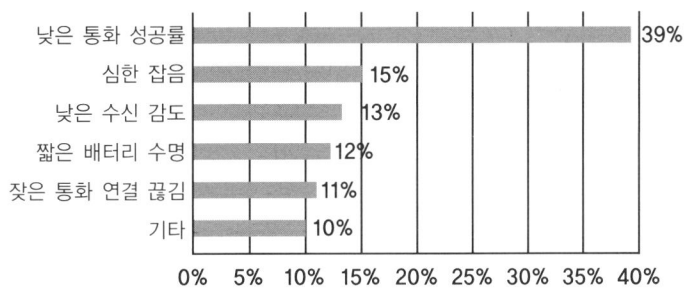

※ 자료: 이병철(폰박물관 관장)

당시 휴대폰을 향한 소비자의 불만은 통화 품질에 쏠려 있었다. 여론조사에서 낮은 통화 성공률, 심한 잡음, 낮은 수신 감도 등이 전체 불만 사항의 78%를 차지할 정도였다(〈그림 5〉 참고).

삼성전자는 통화 품질을 특화 포인트로 갖고 있는 SH-700의 브랜드명을 '언제(Anytime) 어디서든(Anywhere) 통화할 수 있다'는 뜻의 '애니콜(AnyCall)'로 채택했다. 광고에서는 '산이 많은 한국 지형에서도 강하다'는 내용을 어필했다. 이런 삼성전자의 전략은 성공을 거두었다.

1994년 삼성전자와 모토로라의 국내 휴대폰 시장점유율은 26%대 53%였다. 그러나 1년 만에 시장점유율이 급변했다. 1995년 7월 삼성전자는 시장점유율 50%를 넘기며 1위로 등극했다. 모토로라는 2위로 떨어졌다.

국내 휴대폰 시장이 재편되는 이러한 과정에서 삼성전자의 애니

■ 〈그림 6〉 단말기별 시장점유율 추이

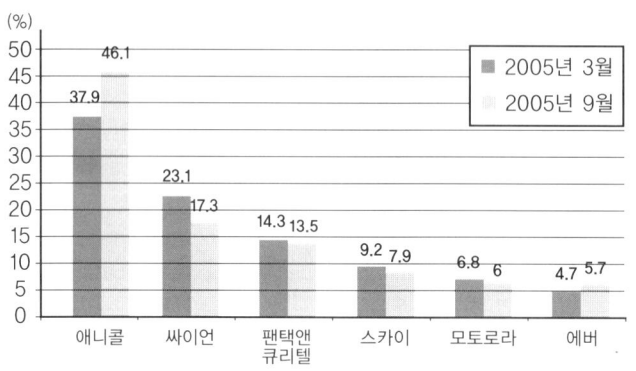

※ 2005년 3월: 휴대폰 구입자 비율(2004년 9월~2005년 2월)
※ 2005년 9월: 휴대폰 구입자 비율(2005년 3월~2005년 8월)
※ 자료: 마케팅 인사이트

콜이 가장 돋보였지만, LG전자의 싸이언(Cyon)과 팬택앤큐리텔(Pantech & Curitel)도 만만치 않았다. 이 회사들의 휴대폰 역시 외산폰에 비해 높은 시장점유율을 기록했다(〈그림 6〉 참고).

이때부터 한국 휴대폰 시장은 국산폰 중심으로 재편됐다. 삼성전자는 마켓 리더로서의 지위를 다져가기 시작했다.

삼성전자의 휴대폰이 품질 좋은 제품으로 인정받기까지 숱한 곡절이 있었는데, 1995년의 사건이 대표적이다. 이건희 회장은 1995년 임직원들에게 설 명절 선물로 휴대폰과 무선전화기 2000대를 돌렸다. 그런데 이 제품들이 통화에 문제가 있다는 지적이 나왔다. 직원들은 고맙다는 인사는커녕, "통화가 안 된다" "속았다"며 비아냥거렸다.

이 회장은 그해 3월 시중에 나간 제품을 모두 수거하라고 지시했다. 그는 "고객이 두렵지도 않냐"며 "시중에 나간 제품 모두를 걷어들여 공장 사람들이 보는 앞에서 태워버려라"라고 지시했다. 휴대폰과 무선전화기 등 총 15만 대(시가 500억 원어치)가 수거됐다. 그리고 이 전화기들은 1995년 3월 9일 경북 구미 삼성전자 운동장에서 2000명의 공장 직원들이 지켜보는 앞에서 소각되었다. 직원들은 이마와 어깨에 각각 '품질 확보' '품질은 자존심'이라고 적힌 띠를 둘렀다. 이른바 '화형식 사건'이다. 이는 '품질의 중요성'을 알리기 위해, 백 번의 말보다는 한 번의 충격 요법을 사용한 이건희 회장의 특단의 조치로 풀이됐다.

03
1996년, 글로벌로 도약하다

1996년에는 삼성전자 휴대폰 역사에 있어 세 가지 중요한 일이 일어났다.

첫째, 삼성전자는 그해 4월에 세계 최초로 CDMA[4] 방식의 휴대폰을 상용화하는 데 성공했다.

둘째, 아날로그 방식을 벗어나 디지털 방식의 휴대폰을 독자 개발하는 데 나섰다. 삼성전자가 택한 방식은 CDMA 방식의 PCS[5]였다.

셋째, 그해 9월 미국의 이동통신사인 스프린트(Sprint Corporation)와 수출 계약을 맺었다. 첫 휴대폰 수출 계약이었다. 삼성전자는 수출을 할 때 프리미엄 전략을 선택했다. 국내 기업들이 수출을 시도할 때는 낮은 브랜드 인지도를 보완하기 위해 가격을 낮추는 저가 전략을 펼치는 것이 일반적인 일이었다. 그러나 삼성전자는 이와는 정반대의 전략을 채택했다. 국내 시장에서 모토로라를 이긴 경험과 가전제품을 수출하면서 생긴 자신감이 이 전략의 토대가 되었다.

삼성은 CDMA 방식의 성공적인 해외 시장 진출에 힘입어, 1997년 2월 최초의 GSM⁶ 방식 휴대폰(모델명 SGH-200)을 출시하면서 GSM 방식의 이동통신 단말기 시장 공략에 들어갔다. 그리고 이듬해인 1998년 9월, 삼성은 GSM 신제품(모델명 SGH-600)을 출시하면서 독일을 시작으로 이탈리아, 프랑스, 영국에 진출했으며 그 여세를 몰아 중국 시장까지 수출 전선을 확대했다. SGH-600은 당시 경쟁사의 제품보다 10%나 가격이 높았지만, 9개월 동안 200만 대가 팔리는 성과를 올렸다. 이는 삼성이 프리미엄 전략에 확신을 갖게 만든 계기가 됐다.

1998년 3월, 삼성전자는 CDMA 방식으로는 세계 최초로 무게 100g대를 깬 SPH-4100을 내놓았다. 이 제품을 시발로 삼성전자는 초경량 시대를 열었다는 평가를 받았다.

SPH-4100 출시 두 달 후에는 77g 무게의 SPH-6310을 출시했다. 또한 2001년 6월에는 두께 9.8mm의 초슬림 휴대폰 SHP-N2000을 공개했다. 1cm는 당시 '마의 벽'으로 불렸다. 이를 극복한 제품을 삼성전자가 처음으로 개발한 것이다.

04
삼성과 LG, 국내 시장을 평정하다

    2000년대 들어서 삼성전자는 LG전자와 하드웨어 중심의 경쟁을 펼치며 휴대폰 트렌드를 주도해나갔다. 컬러 LCD, 벨소리의 인기를 충족시키는 음향 시스템, 카메라, MP3[7] 등의 기능이 트렌드를 형성했다.

    2003년 삼성전자는 SGH-T100을 출시했다. 이 제품은 세계 최초로 TFT-LCD 액정을 탑재한 휴대폰으로, 당시 흑백 중심이던 세계 휴대폰 시장의 판도를 바꿨다는 평가를 받았다. SGH-T100은 컬러 TFT-LCD를 탑재한 것 외에도 디자인이 강조된 휴대폰이라는 점에서 의미를 갖는다. "손에 쥐기 편리하도록 인체공학적 디자인을 적용해보라"는 이건희 회장의 지시가 반영된 휴대폰이 SGH-T100이다. 이 때문에 이 휴대폰은 일명 '이건희폰'[8]으로 불렸다. 2003년 9월 SGH-T100의 판매 대수는 1000만 대를 넘어섰다. 첫 텐밀리언셀러(ten million seller)다. 이를 출발점으로 삼성전자는 총 6개의 텐밀리언셀러를 만들어냈다(〈표 2〉 참고).

2005년 12월 14일 삼성전자는 1988년부터 휴대폰 사업을 시작한 지 17년 만에 연간 출하 1억 대를 기록했다(〈표 3〉 참고). 17년간 연간

■ 〈표 2〉 삼성전자의 텐밀리언셀러 휴대폰

모델명	1000만 대 판매 돌파일
SGH-T100	2003년 9월
SGH-E700	2004년 9월
SGH-D500	2005년 11월
SGH-E250	2007년 8월
J700	2009년 1월
S5230	2009년 11월

■ 〈표 3〉 애니콜 이후 삼성전자의 휴대폰 역사

연도	역사
1994	삼성 애니콜 첫 모델(SH-700) 출시
1995	삼성전자와 모토로라 국내 시장점유율 첫 역전(52% 대 46%)
1996	국내 최초 CDMA 단말기(SCH-100) 출시
2001	단일 모델 단말기(SCH-X350) 130만 대 판매로 최다 판매 기록 세움
2002	중국 시장 애니콜 돌풍, 삼성전자 세계 단말기 판매 3위로 올라섬
2003	휴대폰 연간 생산 5000만 대 돌파
2004	세계 최초 500만 화소 카메라폰 개발 완료
2005	휴대전화 연간 생산 1억 대 돌파
2009	휴대전화 누적 판매량 10억 대 돌파 노키아와 모토로라에 이어 세 번째

※ 자료: 삼성전자

1억 대를 생산하기 위해서는 하루 30만 대, 초당 3대 이상 휴대폰을 만들어야 한다.

1998년 10% 안팎에 불과하던 삼성전자 휴대폰의 국내 시장점유율은 2008년 이후 50%를 오르내리게 됐다(〈그림 7〉 참고). 이 같은 성

■ 〈그림 7〉 삼성전자 휴대폰의 국내 시장점유율 추이

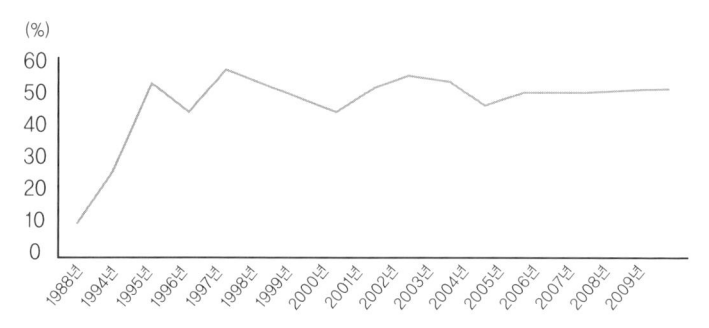

※ 자료: 삼성전자 사업보고서, 스트래티지 애널리스틱스(SA), 보도 기사

■ 〈그림 8〉 애니콜의 브랜드 가치 추이 (단위: 100만 달러)

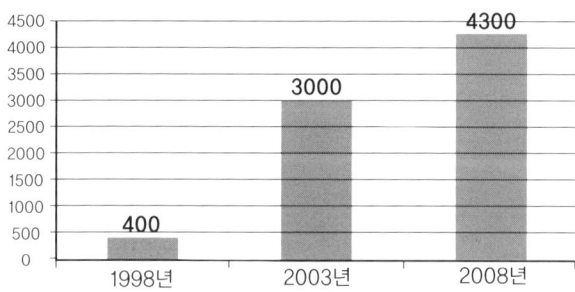

※ 주: 박찬수 고려대 교수 외 1명의 분석. 브랜드 자산 측정 방법인 'EQUITYMAP) Ⅲ'를 이용해 측정한 결과
※ 자료: 삼성전자

장세에 힘입어, '애니콜'의 브랜드 가치는 1998년 4억 달러에서 2008년 43억 달러로 10배 이상 증가했다(⟨그림 8⟩ 참고). 2009년 9월 삼성전자 휴대폰의 누적 판매량은 10억 대를 돌파했다.

삼성전자는 가능한 한 가볍고 작게 만들면서도 많은 기능을 넣는 데 주력했다. 2007년에는 8.9mm 두께, 5.9mm 두께의 휴대폰을 차례로 선보였다. 이 휴대폰은 카드처럼 얇아서 '카드폰'이라 불렸다.

디스플레이 분야에서도 삼성전자의 휴대폰은 단연 돋보인다. 삼성전자는 2010년 2월 스페인 바르셀로나에서 열린 '모바일월드콩그레스(Mobile World Congress: MWC) 2010'에서 기존 아몰레드(AMOLED)보다 선명도가 5배 이상 높은 슈퍼 아몰레드를 탑재한 휴대폰을 선보였다. 경쟁사의 제품이 아몰레드보다 선명도가 낮은 LCD를 디스플레이 소재로 쓸 무렵이었다.

휴대폰에 탑재된 카메라의 질도 뛰어났다. 2004년에는 세계 최초 500만 화소 카메라폰의 개발을 마치기도 했다. 삼성전자는 2006년 SCH-V200이란 국내 첫 카메라폰을 출시했다.

2장 변화의 물결

한국 기업들은 스마트폰 열풍이 당장은 큰 위기를 가져오지 않을 것이라고 판단했기 때문에 여기에 큰 힘을 쏟지 않았다. 삼성그룹 계열사의 한 관계자는 "그 당시로는 아이폰 등장 후 스마트폰 시장이 급격하게 커질 것이라고는 판단하지 못했다"고 전했다.

요컨대, 삼성전자와 LG전자는 미래의 가능성보다는 당장 눈앞에 보이는 실적에 무게를 두고 스마트폰 전문 업체보다는 신흥 시장에서 대적하는 중국 기업 등에 더 많은 신경을 썼다.

01 삼성전자 휴대폰의 위기

　최첨단 하드웨어를 장착한 휴대폰으로 승승장구하던 삼성전자는 강력한 도전에 직면하게 된다. 2006년의 일이다. 도전자는 모토로라의 레이저폰(RAZR)이었다. 모토로라의 레이저폰은 카메라 등 첨단 기능을 빼고 디자인으로 승부를 건 상품이었다. 전 세계적으로 1억 대 이상이 팔린 레이저폰은 첨단 기능에만 집중하면서 하드웨어 경쟁만 벌이던 휴대폰 시장에 충격을 주었다. 당시 모토로라 코리아의 길현창 사장은 인기 비결에 대해 "경쟁사들이 기능이나 외관 면에서 비슷한 제품을 내놓을 수 있겠지만, 모토로라의 근본적인 디자인 개념에서 탄생한 독특하고 뛰어난 디자인과 느낌은 모방할 수 없을 것이다"라고 말했다.

　모토로라의 레이저폰은 대중에게 어필할 수 있는 고유의 소구(apeal) 포인트가 첨단 하드웨어를 누를 수 있다는 교훈을 주는 사례였다.

그러나 2008년 새로운 디자인으로 한국 휴대폰 시장의 트렌드를 바꾼 장본인은 삼성전자였다. 당시 휴대폰 제조사들은 터치 패널의 성공 가능성을 의심하고 있었다. 이때 삼성전자는 풀터치-스크린 폰인 햅틱(SCH-W420)으로 승부수를 띄웠다. 작전은 성공이었다. 햅틱 이후 한국 휴대폰 시장의 대세는 터치 패널을 장착한 일명 '터치폰'이 되었다.

터치폰으로 2008~2009년 삼성전자는 한국 휴대폰 시장을 지배했다. 그렇지만 공교롭게도 2010년 휴대폰 시장에서의 위상 추락을 초래하는 원인이 되기도 했다. 스마트폰의 대중화가 늦어질 것이라고 판단한 삼성전자는 터치폰에 집중했는데, 이는 스마트폰의

■ 〈표 4〉 삼성전자의 스마트폰

모델명	출시일	유통 이통사
SCH-M620	2007년 3월	SKT, KT
SPH-M4650	2007년 11월	LGT
SCH-M470	2008년 4월	SKT
SCH-M480	2008년 7월	SKT, KT
SPH-M4655	2008년 7월	LGT
SCH-M490	2008년 11월	SKT
SCH-M710	2009년 10월	SKT
SCH-M720	2009년 10월	SKT, KT
SPH-M8400	2009년 11월	KT
SPH-7350	2010년 1월	LGT
SHW-M100S	2010년 4월	SKT
SHW-M110S	2010년 6월	SKT

※ 자료: samsungmobile.com

경쟁력 악화로 이어졌다.

　모토로라의 레이저폰 이후 삼성전자에게 또 다른 위기가 찾아왔다. 2009년 11월 아이폰이 한반도에 상륙한 것이다.

　애플 아이폰에 밀리면서 삼성전자의 스마트폰 부문의 대응 부족이 지적됐다. 삼성전자에 스마트폰이 없던 것은 아니다. 삼성전자의 첫 스마트폰은 2007년 출시된 SCH-M620이다. 갤럭시S 이전까지 삼성전자는 총 11종의 스마트폰을 출시했다(〈표 4〉 참고).[9]

02

아이폰 직전까지 눈앞의 신흥 시장 격전에 주목

　삼성전자와 LG전자 모두 아이폰이 몰고 올 파고를 크게 생각하지 않았다. 휴대폰 부문에서 글로벌 상위권에 속하는 삼성전자와 LG전자는 숫자에 중점을 두는 전략을 썼다. 향후 실현될 미래 가치보다는 당장의 상황 변화에 민감하게 움직였다. 스마트폰은 일부 '전문 업체'가 시장 변화를 위해 가져온 작은 충격으로 여겼다.

　물론 두 회사 모두 변화의 방향성은 읽고 있었다. 삼성전자는 2007년부터 변화의 기운을 감지했고 LG전자는 변화가 현실이 된 뒤부터 스마트폰의 중요성을 인식했다.

　그러나 두 기업 모두 스마트폰 시대를 이끌어가려는 노력보다는 향후 시장의 변화를 따라잡을 수 있는 기반 마련에 초점을 두었다.

　LG전자에 비해 스마트폰의 위력을 2년 빨리 파악했던 삼성전자도 아이폰 충격 전까지는 스마트폰에 큰 비중을 두지 않았다.

전자업계와 증권사 애널리스트들을 대상으로 한 인터뷰 결과, 삼성전자와 LG전자는 스마트폰에 대한 확신이 부족했다. 한 증권사의 애널리스트는 "신흥 시장에서 벌어들이는 수익에 몰두하다 보니 스마트폰 등 시대를 앞서가는 부분의 연구개발을 등한시했다"고 국내 휴대폰 업체를 비판하기도 했다.

한국 기업들은 스마트폰 열풍이 당장은 큰 위기를 가져오지 않을 것이라고 판단했기 때문에 여기에 큰 힘을 쏟지 않았다. 삼성그룹 계열사의 한 관계자는 "그 당시로는 아이폰 등장 후 스마트폰 시장이 급격하게 커질 것이라고는 판단하지 못했다"고 전했다.

요컨대, 삼성전자와 LG전자는 미래의 가능성보다는 당장 눈앞에 보이는 실적에 무게를 두고 스마트폰 전문 업체보다는 신흥 시장에서 대적하는 중국 기업 등에 더 많은 신경을 썼다.

03

양극화된 시장

'양극화'는 휴대폰 시장에 대한 삼성전자와 LG전자의 공통된 시각이었다. 북미, 유럽 등에서는 스마트폰을 위시한 고가(High-end)폰이 강세를 보이는 반면, 휴대폰 보급률이 낮은 신흥 시장에서는 중·저가폰(Low tier)이 강세를 보였다.

삼성과 LG 모두 고가폰과 저가폰, 양측에서 벌어지는 경쟁이 보다 격화되는 양상을 띤다고 느끼고 있었다.

고가폰 영역에서는 고가의 프리미엄폰 이외에 스마트폰이 등장해 시장을 늘리고 있었다. 스마트폰 전문 제조사는 위협적으로 다가왔다. 삼성전자는 "현재 휴대폰 시장이 스마트폰 중심으로 성장함에 따라 전문 업체의 시장 영향력은 더욱 커지고 있으며, 노키아, 삼성전자, LG전자, 소니에릭슨 등 전통적인 단말 업체의 비중은 다소 감소하는 추세"라고 설명했다.

중·저가폰 부문에서는 삼성전자와 LG전자 모두 중국 업체의 부상을 달갑지 않게 여겼다. 개도국 시장은 삼성전자와 LG전자가 2000년대 후반부터 세계 시장점유율을 높이는 데 결정적인 역할을 했다. 두 회사의 사업 보고서는 2006년부터 신흥 시장의 중요성을 비중 있게 다루어왔다. 이 중에서 특히 중국 시장의 성장세에 두 기업의 관심도가 높았다. 삼성전자는 2008년 1분기 사업 보고서에서 신흥 시장을 양분했다.

"중남미와 동유럽 등 일부 지역에서는 보급률 증가에 따른 신규 수요 감소세로 성장률이 다소 둔화되나, 아시아와 중앙아시아 시장을 중심으로 한 지역에서는 휴대폰 시장 성장세가 지속돼 휴대폰 시장의 성장을 견인할 것으로 전망된다."

이렇게 성장하고 있는 시장의 걸림돌로 떠오른 게 중국 기업이다. 신흥 시장의 저가 휴대폰 분야에서 중국 현지 입지 강화에 나섰기 때문이다. 시장 성숙도 측면에서 볼 때 신흥 시장은 선진 시장에 비해 휴대폰의 위상이 구축되지 않은 상태였다. 소비자의 충성도도 낮아 제품의 특성보다는 가격에 많이 휘둘리는 의사결정을 한다. 이 때문에 중국이 가격으로 밀고 들어오면 삼성과 LG의 시장 확대 전략이 타격을 받는 것이 불가피했다. 2010년 삼성과 LG 모두 한결같이 "일반폰 중심으로 힘을 뻗어가고 있는 중국 업체들로 인해 경쟁이 격화될 것"이라고 분석했다.

2부
애플 아이폰
– 스마트폰 전쟁의 발발

1장
아이폰 왜 늦어졌나?

이러한 휴대폰 산업 체계 내 이동통신사의 절대적인 위상 때문에 바거닝 파워(bargaining power, 협상력)를 갖지 못한 휴대폰 제조사는 시장 진입에 어려움을 겪을 수밖에 없다. 휴대폰 업력이 전무했던 애플의 휴대폰 시장 진입을 비관적으로 봤던 이유 중 하나도 이동통신사와의 관계 때문이었다.

이동통신사-휴대폰 제조사-소비자 간 수직 관계 속에서 이동통신사와 휴대폰 제조사가 사실상 담합하면서 잇속을 차렸던 구조도 기존의 공고한 휴대폰 업계의 지배구조를 무너뜨릴 스마트폰 도입이 늦어진 원인으로 꼽힌다.

01

아이폰 도입을
원천적으로 막은 위피

    2009년 4월까지 한국 휴대폰 무선 플랫폼에는 위피(WIPI) 탑재가 의무적이었다. 'WIPI'는 'Wireless Internet Platform for Interoperability'의 약자다. 위피는 휴대폰 제조사마다 서로 다른 운영체제(OS)를 써서 발생하는 낭비를 막기 위해 국가가 추진한 사업이다. 그 이전까지는 휴대폰 제조사마다 다른 OS(운영체제)를 써왔다. 그런데 정부는 플랫폼이 표준화되면 규모의 경제가 발생해 제품 차별화로 인해서 발생하는 낭비가 줄어들 것이라고 판단했다.

    2001년 추진된 위피 사업에는 휴대폰 제조사(삼성전자, LG전자)와 이동통신사(SK텔레콤, KT, LG텔레콤), 국책 연구기관(한국전자통신연구원, 한국정보통신기술협회, 전파연구소)이 참여했다.

    2003년 6월 LG전자가 위피를 적용한 첫 휴대폰을 만들었다. 그리고 2005년 4월 1일부터 전기통신설비의 상호접속기준 고시에 따라 신규 출시되는 모든 단말기에 위피 탑재가 의무화됐다.

 표준화된 OS만 인정하는 상황에서 아이폰, 구글폰 등 특유의 운영체제를 쓰는 스마트폰은 한국으로 들어올 수조차 없는 환경이었다. 그렇지만 스마트폰에 탑재된 무선 인터넷 OS가 세계적으로 범용화되면서 정부는 더 이상 한국형 OS를 고집할 수 없게 됐다. 2008년 12월 10일 방통위는 제42차 전체 회의에서 위피 탑재 의무화를 폐지하고, 2009년 4월 1일부터 위피 탑재 여부를 이동통신사가 선택하도록 결정했다. 위피 탑재 의무화 폐지는 범용 운영체제가 세계적 대세를 이루는 상황을 정부가 수용한 결과다.

02

이동통신사의 카르텔로 인해 더뎌진 스마트폰 도입

2009년 11월 28일 한국에서 아이폰이 예약 판매 방식으로 판매되기 시작했다. 이 시점을 한국의 아이폰 상륙 시점으로 볼 수 있다.

아이폰의 영향은 컸다. 아이폰 출시 후, 한국 휴대폰 시장의 판도는 물론 정부의 IT 정책 방향까지도 바뀌었다. 삼성전자와 LG전자 등 국내의 간판 휴대폰 업체들은 뒤늦은 스마트폰 대응으로 "미래 트렌드를 읽지 못한다"는 비판까지 받게 되었다. 일부 전문가들은 애플 아이폰이 가져다 준 충격을 한국 대기업 위기론으로까지 확장시켰다.

이처럼 큰 충격을 안겨다 준 아이폰은 한국 출시 6개월 전만 해도 일부 얼리어답터(Early-Adoper)의 장난감 정도로만 치부됐다. 얼리어답터를 빼면 아이폰의 존재를 아는 이도 드물었다.

그렇다고 한국에 인터넷이 되는 휴대폰이 없었던 것은 아니다.

무선 데이터 방식을 통해 인터넷 기능을 활용할 수 있었다.

문제는 비용이었다. 휴대폰으로 컬러링을 다운로드하는 요금이 2000원에 달했다. 이 중 음원 저작권 등을 제외한 무선 인터넷 사용요금만 1300원이었다. 무심코 휴대폰으로 무선 데이터 기능을 썼다가 한 달에 수백만 원의 요금을 부과받는 사례가 심심찮았다. 이로 인해 청소년이 자살하는 일까지 발생했다.

일반 소비자들은 애초부터 휴대폰에서 인터넷 기능을 쓰지 않았다. 그 결과, 한국 이동통신사 매출 중 무선 데이터 요금의 비중은 다른 나라에 비해 매우 낮게 형성됐다. 미국과 중국의 절반에도 못 미쳤고, 일본의 4분의 1 수준에 불과했다(〈그림 9〉 참고).

규모 면에서 큰 폭의 성장은 없었지만, 이동통신사는 기존 시스템을 선호했다. 무선 데이터 요금도 비쌌을 뿐만 아니라, 무선 데이

■ 〈그림 9〉 국가별 무선 데이터용 정액제 요금 가입자 비중(2008년)

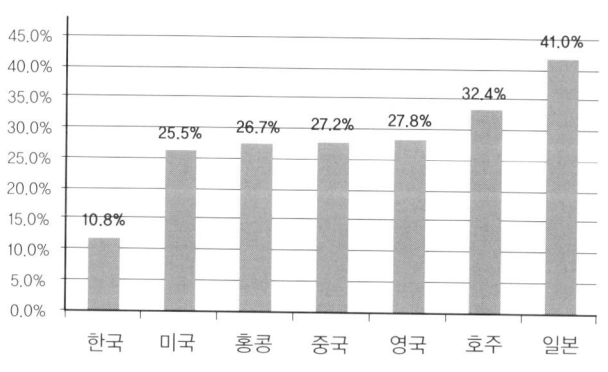

※ 자료: OECD, 방송통신위원회

터 사업 모델상 이동통신사의 지위가 확고했기 때문이다. 무선 데이터 서비스에 들어가는 각종 콘텐츠 구성 등 사업 전반을 이동통신사가 통제했다. 콘텐츠 제공자와 이동통신사 간 수익 배분 역시 이동통신사 주도로 이뤄졌다.

이동통신사와 제휴했던 한 금융사의 담당자는 "무선 데이터 사업에 있어 이동통신사의 힘은 무소불위였다"며 "행여 사적으로라도 찍혀 콘텐츠 제공이 거절될 것을 걱정해 말단 직원에게까지도 굽신거려야 했다"고 말했다.

이 담당자는 "규모가 있는 기업도 이동통신사와의 거래에서 힘이 들었는데, 무선 데이터 부분의 매출 비중이 큰 소프트웨어 사업자는 사실상 생살여탈권을 쥐고 있는 이동통신사의 노예 신세나 다름없었을 것"이라고 덧붙였다.

■ 〈그림 10〉 한국의 모바일 콘텐츠 시장 규모 (단위: 10억 원)

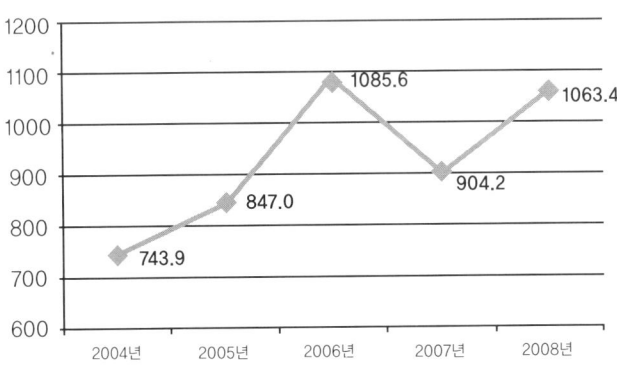

※ 자료: 방송통신위원회

실제 이동통신사 직원들도 "아이폰 이전 무선 데이터 서비스만 존재하던 시절, 담당 직원의 힘은 막강했다"고 말했다. 이를 두고 IT 업계에서는 "이러한 구도 아래에서 모바일 소프트웨어 업계의 성장은 불가능한 일이었다"고 평가했다. 실제 국내 모바일 콘텐츠 시장은 정체되어 있는 모습을 보였다(〈그림 10〉 참고).

이처럼 기존 무선 데이터 서비스 환경은 사업 구조상 이동통신사에게 절대적인 권력을 부여했고, 안정된 수익을 가져다 줬다.

시장점유율 1위인 SK텔레콤은 2006년 무선 데이터 부문의 매출이 전체의 11.8%(1조 2000억 원)에 달했다. 2008년에는 9.2%(1조 원) 수준으로 다소 꺾였다. 매출 감소는 무선 인터넷 요금이 비싸 사용자들이 외면한 결과다(〈그림 11〉, 〈그림 12〉 참고).

■ 〈그림 11〉 SK텔레콤의 무선 데이터 수익이 매출액에서 차지하는 비중

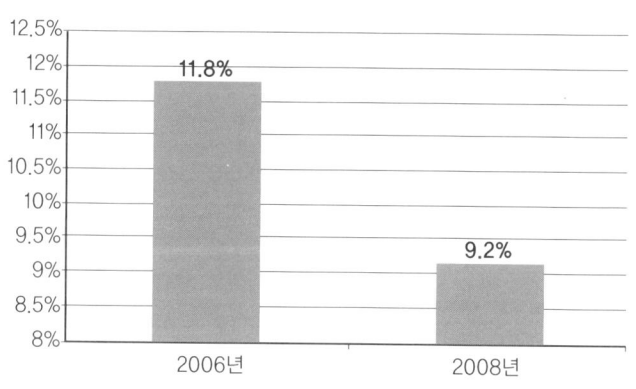

※ 자료: SK텔레콤 사업 보고서(2008년). 정혁준, "아이폰 상륙, 독과점 통신 시장 손볼까?", 〈한겨레21〉(788호), 2009년 12월 4일

■ 〈그림 12〉 SK텔레콤의 무선 데이터 부문 수익 (단위: 10억 원)

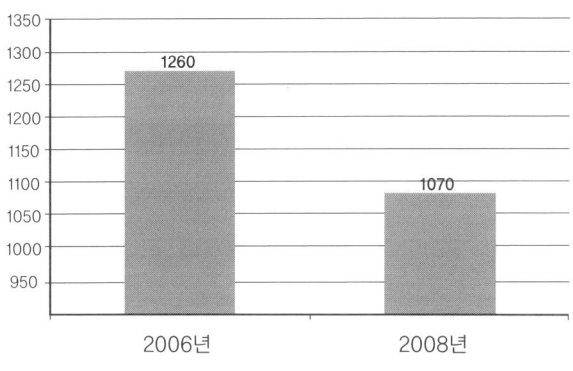

※ 주: 수익=데이터 통화 요금+정보 이용 요금
※ 자료: 정혁준, "아이폰 상륙, 독과점 통신 시장 손볼까?", 〈한겨레21〉(788호), 2009년 12월 4일

반면, 스마트폰 체제하에서 이동통신사의 권력은 약해진다. 무선 데이터 서비스와 비견할 수 있는 아이폰 앱스토어 환경을 살펴보자. 개발자는 앱스토어에 콘텐츠를 올릴 때, 오로지 애플의 심의만을 받는다. 애플은 애플리케이션을 심사한 뒤, 내부 규정에 저촉되지 않으면 앱스토어에 올린다. 애플리케이션에서 발생하는 수익은 애플과 개발자가 각각 30%, 70% 비율로 나눠 갖는다. 이 과정에서 이동통신사는 철저히 배제돼 한 푼의 수익도 거두지 못한다.

안드로이드마켓은 애플리케이션을 앱스토어에 올리는 데 더 자유롭다. 애플과 같은 심의 주체가 없기 때문이다.[10] 개발자가 안드로이드마켓에 직접 콘텐츠를 올릴 수 있다. 수익 배분 체계는 아이폰 체계보다 이동통신사에 다소 우호적이다. 수익의 70%를 개발자가 갖고, 나머지 30%는 이동통신사에게 돌아간다.

앱스토어든 안드로이드마켓이든 이동통신사는 기존의 지위를 누리지 못한다. 자신의 힘을 낮추는 선택을 기업 스스로가 할 리는 만무하다. SK텔레콤, KT, LG텔레콤 등 단 세 개 주체로 이뤄진 독과점 체제의 카르텔이 스마트폰 도입의 걸림돌이 된 것이다.

한편, 애플과 한국 이동통신사 간 협상이 굴욕적으로 전개됐다는 또 다른 근거로 단말기 보조금 문제가 제기됐다. 이동통신사는 삼성전자와 LG전자에게는 단말기 보조금으로 대당 30~40만 원을 지급했다. 그러나 애플은 대당 40~50만 원의 보조금뿐만 아니라 연간 100만 대 이상 공급을 보장할 것을 요구했다고 알려졌다.

이동통신사가 밀실에서 비굴한 협상을 했다는 의혹이 일자, KT와 SK텔레콤은 모두 "협의 과정과 도입 조건 등은 공개하지 않기로 한다"고 입장을 정했다.

03
휴대폰 제조사와 이동통신사 간 사실상 담합

휴대폰 산업의 주체는 크게 셋이다. 휴대폰을 만드는 제조사, 통신망을 통해 통신 서비스를 공급하는 이동통신사 그리고 소비자이다.

이동통신사는 통신 서비스로 들어가는 소프트웨어 업체 위에 군림했고, 대리점을 통해 유통망을 장악하고 있었다.

휴대폰 제조사와 이동통신사는 팽팽한 긴장 속에 협력을 유지한다. 굳이 따지면, 휴대폰 제조사보다는 이동통신사의 지위가 높다. 이동통신사는 다양한 휴대폰을 선택해, 유통망을 통해 판매할 수 있기 때문이다. 한국 소비자들의 휴대폰 구매 행위가 삼성전자나 LG전자의 대리점보다는 통신사 대리점 방문을 통해 이루어진다는 사실에서 이동통신사 우위의 구조가 단적으로 드러난다. 소비자들은 이동통신사를 먼저 선택하고, 추후에 휴대폰을 고른다. 일부 휴대폰 모델은 특정 이동통신사를 통해서만 공급됐기 때문에 원하는 모델을 구매하려는 소비자는 이동통신사를 옮기는 불편함도 감수해야만 했다.

이러한 휴대폰 산업 체계 내 이동통신사의 절대적인 위상 때문에 바거닝 파워(bargaining power, 협상력)를 갖지 못한 휴대폰 제조사는 시장 진입에 어려움을 겪을 수밖에 없다. 휴대폰 업력이 전무했던 애플의 휴대폰 시장 진입을 비관적으로 봤던 이유 중 하나도 이동통신사와의 관계 때문이었다.

이동통신사-휴대폰 제조사-소비자 간 수직 관계 속에서 이동통신사와 휴대폰 제조사가 사실상 담합하면서 잇속을 차렸던 구조도 기존의 공고한 휴대폰 업계의 지배구조를 무너뜨릴 스마트폰 도입이 늦어진 원인으로 꼽힌다.

04
애플의 글로벌 스탠더드 고수 정책으로 더디게 진행된 아이폰 도입 협상

애플의 글로벌 스탠더드 고수 정책으로 인한 이동통신사와의 갈등도 아이폰의 한국 도입을 더디게 한 이유 중 하나다.

애플은 아이폰을 한국에 도입하면서 이통통신사에게 단말기와 앱스토어 운영 및 관리에 일체 관여하지 말 것을 요구했다. 애플은 국내 이동통신사에게 통신망을 빌려주고, 아이폰의 유통망 역할만 맡아줄 것을 요청했다. KT가 "아이폰은 애플이 거의 다 쥐고 있기 때문에, 우리가 할 수 있는 게 아무것도 없다"고 말할 정도였다.

KT는 아이폰의 무선 랜을 제거해달라는 요구를 했었다. 그러나 애플은 이를 거부했고, KT는 그 대안으로 아이폰의 무선 랜 기능을 로그인 방식으로 제어가 가능하게 해줄 것을 요청했다.[11]

이에 대해 애플은 "글로벌 정책에 어긋난다며 받아들이기 어렵다"고 맞섰다. 애플은 국내 이동통신사에게만 이같이 요구한 것이 아니다. 아이폰이 진출하는 모든 국가의 이동통신사에게 같은 요구를 했다. 아이폰 유통에서 애플 자체적으로 마련한 표준에 예외를 두지 않기 위해서다.

아이폰의 국내 출시 과정을 보면, 애플이 '예외를 두지 않는다'는 원칙에 지나치리만큼 집착한다는 느낌이 든다. 애플은 아이폰 출시 사전 작업으로 위치정보사업자 허가 신청을 했다. 2009년 9월 24일 애플은 방통위로부터 위치정보사업자 허가 없이도 국내 출시가 가능하다는 통보를 받았다. 그러나 단서 조항이 붙었다. "위치정보 서비스(Location-based Service: LBS) 주체는 애플이 아닌 이동통신사로 할 것"이었다(〈표 5〉 참고).

애플은 이조차 못마땅해 했다. 전 세계에 균일한 아이폰을 공급

■ 〈표 5〉 위치정보 서비스의 개황

구분	내용
이름	위치정보 서비스(Location-based Service, 약자로 LBS), LoCation Services(LCS)로 불리기도 함
뜻	무선 인터넷 사용자에게 사용자의 변경되는 위치에 따르는 특정 정보를 제공하는 무선 콘텐츠 서비스
장점	무선 인터넷 사용자가 여러 위치를 이동하면서도 직접 주소나 지역 구분자를 입력하지 않아도 됨
활용	- GPS 측위 기술은 이를 가능하게 하여 무선 인터넷 서비스 접근을 용이하게 해주는 주요 요소 기술 중 하나 - PC 기반의 유선 인터넷 서비스 역시, 무선 인터넷 영역으로 경계를 넘어 확장을 계속하면서 위치정보 서비스 기능과의 융합(Convergence) 요구에 직면
활용 예시	- 현금출납기나 식당 등 가까운 위치의 서비스나 시설 정보를 조회 - 할인 중인 주유소 위치 정보 - 교통 정체 상황 경고 등 알림 서비스 - 친구 위치 찾기

하는 애플에게 자신이 핵심 기능인 위치정보사업(GPS)의 운용 주체가 될 수 없는 상황은 납득하기 어려웠을 것이다. 방통위 관계자는 "애플이 한국의 이통통신 사업자에게 서비스 제공상의 간섭을 받는 것을 싫어한다는 느낌을 받았다"고 전했다.

애플은 직접 방통위의 승인을 받겠다고 나섰고, 애플의 한국 법인인 애플코리아는 방통위로부터 11월 18일에 최종 승인을 받았다. 사업계획서의 재무·영업·기술 부문 심사 결과 77.53점을 받았다. 70점이면 통과다.

이로써 애플은 아이폰이 접속한 무선 랜 중계기 및 이동통신 기지국의 위치정보를 수집, 중계기와 기지국의 위치정보와 부가적인 GPS 정보를 활용해 자신의 위치 확인을 바탕으로 한 나침반 서비스 등을 제공할 수 있게 됐다.

애플은 정부에서 문제 삼는 서비스는 아예 빼버렸다. 그 대표적인 기능이 '파인드 마이 아이폰(Find My iPhone)'이다. 분실된 자신의 아이폰 위치를 찾을 수 있는 이 기능은 국내에서는 무용지물이 됐다. 이유는 '사생활 보호' 때문이다. 파인드 마이 아이폰을 제공하기 위해서는 다시 방통위에 이용자 동의, 정보 관리 부문에서의 암호화, 개인 위치정보의 사용 즉시 파기 의무 등에 대한 심사를 받아야 한다.

이와 관련해서 애플코리아는 "국내에서도 파인드 마이 아이폰을 제공할 계획"이라며 "해당 서비스를 미국 본사에서 직접 제공할지, 국내에 별도 서비스 제공팀을 둘지 아직 미정"이라고 말했다.

방통위 측은 "파인드 마이 아이폰은 이번 허가 범위에 들어 있지 않다"며 "서비스를 제공하려면 애플이 방통위가 정한 별도의 절차를 밟고 이용자의 사전 동의를 구해야 한다"고 맞섰다. 방통위의 입장은 "위치정보 서비스는 서버의 소재지를 따지지 않기 때문에 적법 절차를 밟으면 애플이 한국에서도 파인드 마이 아이폰 서비스를 할 수 있다"는 것이다.

애플은 국내 게임물 등급 규정을 수용하지 않았다. 국내법상 모든 게임은 사전에 게임 등급 심의를 받아야 한다. 애플의 앱스토어는 콘텐츠 개발자가 애플로 콘텐츠를 보낸 뒤 애플로부터 동의를 받으면 게시되는 구조다. 별도의 심의 과정을 거치지 않는다. 그 결과 국내 앱스토어에는 게임 카테고리가 제공되지 않는다. '공식적'으로는 게임 애플리케이션이 없는 것이다.

그러나 엔터테인먼트 카테고리에 게임 콘텐츠가 담겨 있다. '청소년 이용불가' 등급을 받은 고스톱 게임이 앱스토어에 올라와 논란이 되기도 했다. 앱스토어는 12세 이상이면 누구나 이용할 수 있다. 애플의 입장에서는 한국의 특수성인 게임 등급 심의를 인정해줌으로써 종전까지 유지해왔던 글로벌 스탠더드를 깨느니 차라리 수용 거부를 택한 것이다.

'예외를 두지 않는' 애플의 전략은 휴대폰 시장 진출을 위한 생존의 선택으로 볼 수 있다. 지금까지 휴대폰 시장에서 '갑'은 제조사가 아니라 이동통신사였다. 이동통신사가 토라져서 휴대폰을 유통하지 않겠다고 해버리면 제조사 입장에서는 도리가 없다. 제조사는 이동통신사에 따라 맞춤식 운영체제와 프로그램을 상이하게 만들어줘야만 했다.

한국을 예로 들면, 휴대폰 제조사는 SK텔레콤, KT, LG텔레콤 등 이동통신사의 구미에 맞는 휴대폰을 만들어야 했다. 이 때문에 "휴대폰 시장에서는 제조사의 실력보다는 이동통신사와의 '관계'가 더 중요하다"는 말까지 나왔다.

국내 휴대폰 제조사가 애플을 얕본 것도 이 때문이다. 컴퓨터(매킨토시), MP3 플레이어(아이팟) 사업만 해온 애플에게 휴대폰 시장은 황무지나 다름없는 곳이었다.

애플이 '관계' 중심의 기존 비즈니스 전략을 갖고 간다면 아이폰은 이동통신사의 입김에 의해 좌지우지될 수밖에 없는 것이다.

만약 예외를 인정하는 국가가 나온다면, 이는 다른 국가의 이동통신사에게 선례가 될 것이다. 글로벌 정책 고수는 애플이 아이폰 출시 국가를 늘릴 때마다 애플이 부딪혀야 하는 이동통신사와의 신경전에서 우위를 지키기 위해 택했던 전략인 것이다.

2장

아이폰,
열풍을 불러오다

그러나 아이폰은 국내 휴대폰 시장의 판도를 흔들었다. 일부 얼리어답터의 장난감으로 그칠 줄 알았던 아이폰의 판매고는 꾸준히 늘어났다. 출시 100일째인 2010년 3월 7일 아이폰 판매는 40만 대에 달했다. 그리고 출시 반년 만에 70만 대의 아이폰이 팔려나갔다.

아이폰의 흥행으로 2009년 휴대폰 수입액도 전년 대비 148.7% 증가했다. 휴대폰 수입은 아이폰 출시 전후인 2009년 10월부터 12월 사이에 집중적으로 일어났다. 이 기간 동안의 휴대폰 수입액은 2009년 한 해의 72.4%에 달했다. 2010년 1분기에도 휴대폰 수입 대수와 수입액은 전년 동기 대비 각각 255%와 369% 증가했다. 아이폰은 정부가 2010년 하반기 물가 안정적 유지를 위한 '가격 중점 감시 30대 품목'에 선정되기도 했다. 10대 수입품이라는 게 그 이유였다.

01
애플 아이폰,
삼성전자 옴니아2를 누르다

　2009년 11월 22일 KT는 아이폰 출시를 공식 발표했다. 그리고 본격 출시에 앞서 한국에서는 이례적인 예약 판매 방식을 선택하고, 온라인 휴대폰 쇼핑몰인 '폰스토어'[12]를 통해 아이폰 예약 판매를 실시했다. 아이폰 판매 조건을 보거나 사전 예약을 하려는 접속자가 몰리면서 폰스토어 사이트는 예약 첫날 다운되기도 했다. 폰스토어의 방문자 수는 아이폰 예약 판매 전인 11월 20일 3만 3784명, 21일 2만 4559명에서 예약 접수 첫날인 11월 22일 11만 9279명으로 급증했다. 그 다음 날은 접속자 수가 17만 7866명으로 치솟았다.

　그때까지 폰스토어 방문자 수가 하루 4만 명을 넘은 적은 없었다. 방문자에게 마일리지를 제공하는 등의 각종 프로모션을 진행해도 마찬가지였다. 아이폰 예약 판매는 KT의 그 어떤 프로모션보다도 훨씬 더 강력한 이벤트였던 것이다.

접속자들이 빈손으로 홈페이지만 들락날락거린 것은 아니다. 그들 중 상당수가 실제 예약 신청으로 이어졌다. 첫날 예약 가입자만 1만 5000명이었고, 이튿날에는 2만 7000명, 3일째 3만 6000명으로 그 수가 늘더니 예약 가입자만 6만 5000명에 이르게 되었다.

최대 경쟁사의 휴대폰 판매량과 비교하면 아이폰의 인기를 가늠할 수 있었다.

삼성전자의 옴니아는 1년 간(2009년 11월 기준) 16만 대가 팔렸고, 2009년 10월 출시된 옴니아2는 한 달 동안 2만 대가 판매됐다.

아이폰의 핫 데뷔 모습을 보고 외신은 "아이폰이 한국을 깨려 한다(iPhone tries to crack Korea)"고 표현했다. 이는 아이폰이 한국 기업의 공고한 시장지배력을 허물어가는 모습을 빗댄 말이다.

02

만년 2위 KT,
1위를 위해 아이폰을 택하다

2010년 6월 SK텔레콤의 시장점유율은 50.7%였다. 시장의 과반을 SK텔레콤이 점유한 것은 어제오늘 일이 아니다. 통신 시장에서 SK텔레콤의 절대적인 지위를 '독점'이라고 표현하며, 이를 막아야 한다는 지적이 일기도 했다.

외부의 비판에도 SK텔레콤의 시장지배력은 흔들리지 않았다. 1등을 지키고자 하는 SK텔레콤의 열망에 비해, 경쟁자의 능력은 왜소하기만 했다.

SK텔레콤은 자체적으로 시장점유율을 지키고자 하는 의욕이 강하다. 회사 차원에서 시장지배력을 유지하는 정책을 쓰고 있다. 정만원 SK텔레콤 CEO는 2009년 4월 9일 취임 100일 기념으로 열린 기자간담회에서 "이동통신 시장의 50.5% 마켓 셰어(Market Share) 전략은 포기하지 않을 것"이라고 말했다.

문제는 경쟁자들의 역량이었다. SK텔레콤에 이어 2위인 KT는 적수가 못 된다는 평가를 받았다. 실제 2005년부터 2009년까지 SK텔레콤이 50.5% 안팎으로 시장점유율을 향유하는 구도를 2위인 KT(당시 KTF)는 막지 못했다(〈표 6〉, 〈그림 13〉 참고).

KT를 향한 냉담한 시선은 기업가치를 측정하는 주가를 통해 확연하게 나타난다. 대표적인 예가 KT와 KTF 합병 때다. 합병안이 이사

■ 〈표 6〉 이동통신사별 가입자 현황 (단위: 명)

	2005년	2006년	2007년	2008년	2009년
SKT	19,530,117	20,271,133	21,968,169	23,032,045	24,269,553
KT	12,302,357	12,913,699	13,720,734	14,365,233	15,016,195
LGT	6,509,849	7,012,283	7,808,638	8,209,706	8,658,474
합계	38,342,323	40,197,115	43,497,541	45,606,984	47,944,222

※ 자료: 한국통신사업자연합회

■ 〈그림 13〉 이동통신사별 휴대폰 가입자 시장점유율

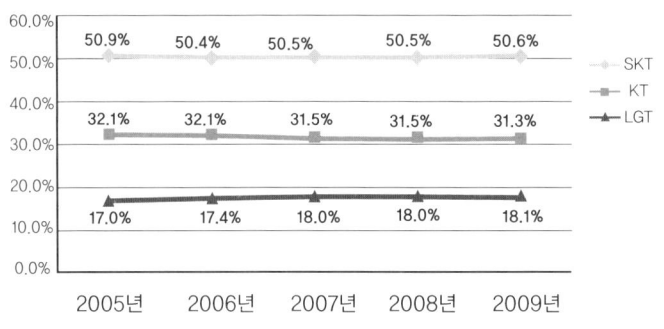

※ 자료: 한국통신사업자연합회

회를 통과한 2009년 1월 20일 KT와 KTF의 시가총액은 각각 10조 9000억 원과 5조 5000억 원으로 양사를 합쳐 16조 4000억 원에 달했다. 그러나 두 회사의 합병이 이루어진 2009년 6월 1일 이후 보름 남짓 지난 6월 18일 현재 KT의 시가총액은 9조 6483억 원(합병으로 인해 거래정지된 KTF 시가총액은 4조 2832억 원)에 불과했다.

기관 투자자들은 "통신주 거래에서 투자자들은 1위인 SK텔레콤을 사고팔았을 뿐, KT는 관심 대상이 아니었다"고 말했다.

아이폰 도입 직전까지 SK텔레콤은 증권사 애널리스트들로부터 통신주 중 최고의 찬사를 받는 종목이었다. 애널리스트들은 이동통신 부문 시장지배력 유지와 풍부한 현금흐름을 통한 안정된 미래 성장 동력 자본을 근거로 들며 SK텔레콤을 통신주 중에서 최선호주(top-pick)로 꼽았다.

절대 넘을 수 없을 것같이 보이는 산을 넘기 위해 KT는 기존에는 없던 신무기를 승부수로 띄웠다. 이석채 회장은 정체된 KT의 성장을 위한 돌파구로 아이폰을 택했다. 아이폰으로 인해 KT가 스마트폰 시장에서 헤게모니를 잡게 되자, 이석채 회장은 "좀 더 빨리 들여올 걸…"이라며 아쉬워했다. 그는 "쇠락할 기업으로 간주되던 KT가 성장 가능성이 큰 기업으로 여겨지고 있다"고 덧붙였다.

03
아이폰 쇼크에
SK텔레콤의 철옹성이 금 가다

    2009년 11월 28일 한국에서는 그동안 유례가 없었던 행사가 열렸다. 아이폰 개통식이 그것이다. '식'으로 명명했지만, 있는 그대로 놓고 보면 예약 휴대폰을 받는 행사에 불과했다.

    아이폰을 예약한 이들은 한시라도 빨리 이 휴대폰을 받으려고 전날부터 행사장인 서울 잠실실내체육관 앞에서 줄을 서서 기다렸다. 행사가 오후 2시에 열리는데도 전날 밤부터 줄을 선 예약자들이 100명을 넘었다.

    겨울의 초입이라 날씨도 추웠지만, 이들의 얼굴에는 짜증이라곤 없었다. '노숙'을 할 작정으로 손난로와 두꺼운 오리털 파카를 들고 온 남녀도 있었다. 행사 전날 낮부터 줄을 섰다는 한 아이폰 예약자는 "밤에는 추워서 입이 돌아가는 줄 알았지만 아이폰을 만날 생각에 기쁜 마음으로 홀로 기다렸다"고 말했다.

선착순 50명에게 아이폰 주변기기, 무료통화권 등을 제공한다는 KT의 선물 약속이 이들을 이끈 것은 아니다. 겨울밤의 추위를 무릅쓰고 이들이 거리에서 밤을 지새운 이유는 아이폰을 먼저 받기 위해서다. 한국 언론은 이러한 열기를 보고 '대박' '인산인해'라고 표현했다.

예약 판매로 아이폰은 일주일 만에 6만 5000대가 팔려나갔다. 아이폰은 12월 첫째 주에 가장 많이 팔린 휴대폰으로 기록되었다.

아이폰 덕에 휴대폰 월간 판매 대수는 2009년 7월 이후 4개월 연속 감소세를 마감하고 2009년 11월, 하반기 들어 처음으로 상승했다. 2009년 11월 휴대폰 시장 규모는 145만~149만 대로 파악됐다. 그해 10월 135만~137만 대 수준에서 7~10% 상승한 것이다 (〈그림 14〉 참고).

■ 〈그림 14〉 2009년 한국 휴대폰 시장의 월간 판매 대수 추이 (단위: 100만 대)

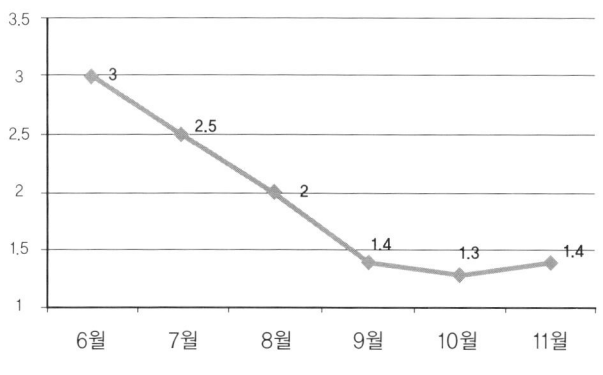

※ 자료: 송정렬, "휴대폰 5개월 만에 반등, 아이폰 효과?", 〈머니투데이〉, 2009년 12월 1일

아이폰을 도입한 KT는 이동통신 번호이동 점유율[13]에서 SK텔레콤의 두 배 수준을 기록했다(〈그림 15 참고〉). KT는 그동안 이 부분에서도 1위 SK텔레콤에 판판히 밀려왔다. 이동통신 번호이동에서의 순위 변화는 큰 의미를 갖는다. 종전 이동통신사를 버리고 새로운 이동통신사를 택한 결과가 반영된 수치이기 때문이다. 다시 말하면, KT로 향한 소비자 중 일부는 LG텔레콤 고객일 수도 있지만, 상당수는 SK텔레콤 고객이었다는 말이다.

스마트폰을 쓸 정도라면 상대적으로 고가의 통신 요금을 내는 소비자들이다. 이들은 통화 품질의 우위 때문에 SK텔레콤을 택해왔으며, 상대적으로 충성도가 높다.

고유 식별번호 가입자 비율은 각 이동통신사의 고객 충성도를 평

■ 〈그림 15〉 2009년 10월부터 12월, 이동통신사별 번호이동 점유율

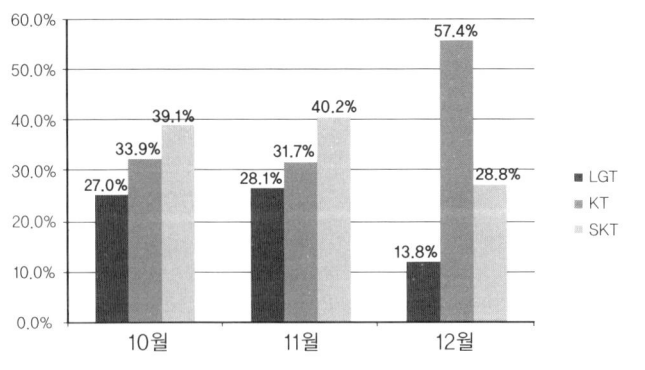

※ 주: 12월은 1~3일까지의 합(아이폰 초반 열기를 보여주는 지표)
※ 자료: 한국통신사업자연합회

가하는 잣대가 된다. 번호이동이나 신규 가입을 통해서 이동통신사를 옮기면 고유 식별번호가 변할 가능성이 높기 때문이다.

아이폰 도입 전인 2009년 11월 말 기준으로 SK텔레콤의 '011' 가입자와 '017' 가입자는 각각 19.4%와 3.1%에 달했다. 합치면 22.5%다. 전체 가입자 5명 중 1명은 이동통신사를 바꾸지 않고 줄곧 SK텔레콤을 이용했다는 얘기다. 반면 KT와 LG텔레콤의 고유 식별번호 가입자 비율은 각각 4.9%와 6.7%에 불과했다. 아이폰으로 인해 우량 고객들이 SK텔레콤을 버리고 KT로 향한 것이다.

04
아이폰, 스마트폰을 대세로 만들다

아이폰의 흥행은 전문가들도 예상치 못했다. 출시 전까지만 해도 비관론이 상당했다. 아이폰 흥행 실패를 점쳤던 이들은 국내 시장에서 아이폰 수요를 10만~30만 대로 잡았다. 이러한 결과가 도출된 바탕에는 일본 시장에서의 아이폰 성적이 밑바탕에 깔려 있다.

일본에서는 아이폰 도입 후 2년 동안 52만 대가 팔렸다. 한국보다 무선 데이터 서비스가 발달했고, 시장 규모도 큰 일본에서 팔린 숫자치고는 초라했다. 그래서 한국에서는 잘해도 일본 수준으로 아이폰이 판매될 것이라 본 것이다.[14]

2008년 국내 휴대폰 판매 대수는 30만 대였다. 아이폰 출시 직전까지 국내에서 스마트폰의 비중은 2~3%에 불과했다. 국내 휴대폰 이용자 중 휴대폰으로 인터넷을 이용해본 사람은 52.6%에 그쳤다. 무선 인터넷 이용도 컬러링(통화연결음)과 벨소리 등을 다운받는 휴

■ 〈그림 16〉 아이폰 누적 판매량 추이　　　　　　　　　(단위: 1000대)

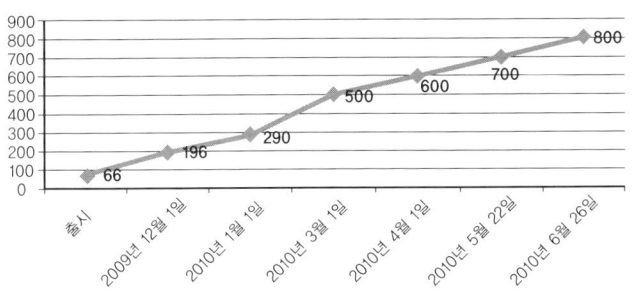

※ 자료: 언론사 보도 종합

대폰 꾸미기가 80.5%(복수 응답 포함)로 대부분을 차지했다.

스마트폰의 시장 규모도 작고, 소비자의 친숙도도 떨어지는 환경에서 스마트폰인 아이폰의 흥행 가능성은 낮아 보였다.

그러나 아이폰은 국내 휴대폰 시장의 판도를 흔들었다. 일부 얼리어답터의 장난감으로 그칠 줄 알았던 아이폰의 판매고는 꾸준히 늘어났다. 출시 100일째인 2010년 3월 7일 아이폰 판매는 40만 대에 달했다. 그리고 출시 반년 만에 70만 대의 아이폰이 팔려나갔다(〈그림 16 참고〉).

아이폰의 흥행으로 2009년 휴대폰 수입액도 전년 대비 148.7% 증가했다. 휴대폰 수입은 아이폰 출시 전후인 2009년 10월부터 12월 사이에 집중적으로 일어났다. 이 기간 동안의 휴대폰 수입액은 2009년 한 해의 72.4%에 달했다. 2010년 1분기에도 휴대폰 수입 대수와 수입액은 전년 동기 대비 각각 255%와 369% 증가했다. 아이폰은 정부가 2010년 하반기 물가 안정적 유지를 위한 '가격 중점 감시 30대 품목'[15]에 선정되기도 했다. 10대 수입품이라는 게 그 이유였다.

2009년 6월 1%에 불과하던 국내 시장의 스마트폰 보급률은 2010년 10%에 도달했다. 2011년과 2012년에는 각각 20.3%와 33%에 달할 것으로 전망된다.

스마트폰이 대세가 되고 이로 인해 PC 중심에서 모바일로 첨단의 트렌드가 바뀌자 소비자들은 앞다퉈 스마트폰을 쓰기 시작했다. 아이폰 출시 한 달 뒤 실시된 한 설문조사에서는 CEO의 86%가 "새해에는 스마트폰을 사용하겠다"고 답했다.

3장
아이폰 승리의 비밀

구글의 개방성을 상쇄한 애플의 무기는 충성도 제고 전략이다. 애플은 아이폰 OS 업데이트, 애플리케이션 관리 등을 통해 고객에게 지속적으로 높은 품질의 서비스를 제공한다. 애플과 구글은 스마트폰뿐만 아니라 광고 등 많은 IT 분야에서 대립하고 있다. 스마트폰에서 두 회사 간 격전의 결과는 다른 IT 분야에도 큰 영향을 미칠 것으로 전망된다.

01
애플의 휴대폰 역사

아이폰은 애플의 두 번째 휴대폰이다. 2005년 애플은 모토로라와 제휴해 'ROKR폰'을 출시했다. ROKR폰은 키패드가 달린 바(bar) 형태의 슬라이딩폰이었다.

ROKR폰은 아이튠즈(iTunes)를 통해 휴대폰으로 음악을 다운받을 수 있었다. 이 때문에 ROKR폰은 일명 '아이튠즈폰'으로 불리기도 했다. 스티브 잡스는 ROKR폰을 두고, "휴대폰에 아이팟(iPod)을 올려놓은 것"이라며 "미국 내에서는 싱귤러 와이어리스(Cingular Wireless LLC)의 무선전화 통신망을 이용하게 될 것"이라고 밝혔다. 앱스토어를 통한 애플리케이션 활용, 3G 망을 통한 인터넷 사용을 제외하면 ROKR폰은 기능 면에 아이폰과 매우 닮았다.

그러나 아이폰이 인터넷에 방점을 둔 스마트폰인 데 반해, ROKR폰은 음악폰이었다.

ROKR폰의 핵심 포인트는 MP3 플레이어인 아이팟과 휴대폰의 융합이었다. 애플은 휴대폰을 별도로 구입하기보다는 ROKR폰을 사서 아이팟 기능까지 향유하는 방향으로 소비 결정을 할 것으로 기대했다.

그러나 결과는 실패였다. ROKR폰은 아이팟과 고객층이 겹쳤다. 아이튠즈 사용자는 곧 아이팟 사용자다. 이들이 아이팟에 필적하는 MP3 플레이어 기능이 없는 ROKR폰을 택할 리 만무했다. 전문가들은 음악 파일 저장 공간 크기를 언급하며, ROKR폰의 흥행 실패를 예상했다. 아이팟에는 수천 곡에 달하는 MP3 파일을 넣을 수 있는 데 반해, ROKR폰의 저장 최대치는 100곡이었다.[16]

ROKR폰은 추가로 휴대폰을 구매할 필요가 없다는 물리적인 특징을 제외하고는 장점이 없었다. 이 때문에 ROKR폰은 소비자의 기대치를 너무 높인 과대광고의 실패작으로 꼽혔다. 더불어 '디자인'의 애플답지 않게 평범했던 디자인도 ROKR폰의 흥행 저해 요인으로 지적됐다. 아이폰이 아이팟 못지않은 MP3 플레이어 기능과 세련된 디자인으로 호평을 받았다는 점에서 ROKR폰의 실수는 아이폰 흥행의 밑거름이 됐다고 볼 수 있다.

아이폰은 아이패드를 만들 때 생긴 부산물이다. 스티브 잡스는 아이폰보다 태블릿 PC를 먼저 고안했다. 그는 손가락으로 입력하는 멀티 터치 디스플레이 제작을 직원들에게 지시했고, 6개월 후 디스플레이 결과물이 나오자 이를 사용자 환경(User Interface)[17] 전문가에게 넘겼다. 디스플레이 화면을 손가락으로 스크롤링(scrolling)[18]

할 수 있음을 확인한 스티브 잡스는 태블릿 프로젝트를 제쳐두고 아이폰을 먼저 개발했다.

아이폰의 탄생은 2007년 1월 9일 미국 샌프란시스코 맥월드(Macworld 2007 Conference and Exhibition)에서 공식적으로 발표됐다. 애플의 CEO 스티브 잡스는 휴대폰 시장 진입을 천명하는 자리에서, "이전에는 없던 전혀 다른 휴대폰을 보여주겠다(reinvent the phone)"고 밝혔다.

첫 모델인 아이폰2G는 2007년 6월에 출시됐다. 아이폰2G는 GSM 방식을 택했다. GSM은 유럽 국가가 주로 택해 '유럽 방식'으로 통용된다(〈표 7〉 참고). 한국은 이동통신 시스템으로 CDMA와 WCDMA[19]

■ 〈표 7〉 이동통신방식별 사용자 수(2009년 2분기) (단위: 명)

CDMA1	2,449,937
CDMA2000 1X	309,907,068
CDMA2000 1xEV-DO	118,688,849
CDMA2000 1xEV-DO Rev. A	12,644,062
GSM	3,450,410,548
WCDMA	255,630,141
WCDMA HSPA	133,286,097
TD-SCDMA	825,044
TDMA	1,480,766
PDC	2,740,320
iDEN	22,172,858
Analog	9,593
합계	4,310,295,611

※ 자료: GSM World

방식을 택하고 있다.

GSM을 쓰는 아이폰2G 모델은 한국에서는 사용할 수 없는 제품이었다. 2G 모델은 저장 메모리 크기에 따라 4GB[20]와 8GB 두 가지로 나뉘었다. 가격은 4GB 모델이 499달러, 8GB 모델이 599달러였다.

2008년 7월 3세대인 아이폰3G가 나왔다. 아이폰의 한 축인 앱스토어도 2008년 10월에 오픈됐다. 아이폰3G 출시 후, 일 년이 지난 2009년 6월 애플은 또 한 번 진화된 모델, 아이폰3GS를 출시했다. 3GS의 'S'는 속도(Speed)를 의미한다. 모든 기능에서 3G에 비해 2배는 빨라졌다는 뜻이다. 더불어 배터리 수명도 기존 제품보다 2~3배 늘어났다. 성능은 향상됐지만, 가격은 8GB 모델이 199달러, 16GB 모델이 299달러로 절반 이상 떨어졌다(〈표 8〉 참고). 병가 중인 스티브 잡스를 대신해서 3GS를 발표한 필립 쉴러 애플 부사장(마케팅)은 "겉보기에는 (기존 제품과) 같지만, 완전히 새로운 제품"이라고 강조했다.

3GS 때도 애플은 새로운 아이폰 법칙(iPhone law)을 확인시켰다.

■ 〈표 8〉 아이폰의 버전별 가격 변화 (단위: 달러)

출시 시기	버전	4GB	8GB	16GB	32GB
2007년 6월	2G	499	599	–	
2008년 7월	3G	–	199	299	–
2009년 6월	3GS	–	–	199	299
2010년 6월	4	–	–	199	299

또 한 번 파격적인 가격을 제시한 것이다. 애플은 매년 새로운 버전의 아이폰을 출시할 때마다 가격은 종전의 절반 수준으로 떨어뜨리는 반면, 가장 고가 모델의 저장 공간은 기존의 두 배로 늘리고, 성능은 두 배로 향상시켰다(〈표 8〉 참고).

새 아이폰의 OS 성능과 CPU의 크기 등 품질과 가격은 스마트폰 시장의 표준으로 자리 잡기 시작했다. 절반으로 떨어진 가격은 아이폰의 혁신 포인트와 경쟁력으로 이어졌다. 경쟁사 스마트폰에 비해 아이폰의 가격은 100~200달러 싸게 책정됐다.

애플은 아이폰3GS를 발표하면서, 사명을 'Apple Computer'에서 'Apple INC.'로 바꿨다. 단순한 컴퓨터 제조업체가 아니라 가전 및 디지털 엔터테인먼트 회사로 발전하겠다는 의지가 반영된 결정이다.

아이폰은 2009년 11월 28일 한국에 출시됐다. 출시를 일주일 앞둔 11월 22일 한국의 아이폰 유통사인 KT는 아이폰의 한국 출시를 공식 발표했다. 한국에 들어온 아이폰 모델은 3G와 3GS였다.

아이폰4는 2010년 6월 8일에 공개됐는데 지금까지 진행된 저장 공간과 가격 부분의 진보는 없었다. 저장 공간과 가격은 3GS 때와 동일하게 유지됐다. 이를 진화의 답보로 본다면 완전한 오해다.

아이폰4는 2G에서 3GS까지의 변화와는 전혀 다른 형태로의 진보를 보였다. 이전 3년간의 진화는 속도가 빨라지고 저장 공간이 커지는 등 기능상에서의 발전의 형태로 나타났다.

아이폰4는 아이폰의 격을 한 단계 높인 진화의 결과물이었다. 스티브 잡스는 아이폰4를 소개하며 디자인과 기능에서 "가장 큰 도약을 이뤘다"라고 말했다. 그는 새로 부가된 기능도 100가지에 이르러 일일이 다 설명할 수 없을 정도라고 했다. 아이폰4가 3GS보다 한 단계 진화된 모델이라는 점을 감안하면, 더 좋은 사양에 가격은 낮아졌다고 볼 수 있다.

아이폰4의 가장 큰 특징은 두 가지다. 첫째는 영상통화 기능이다. 기존 아이폰에는 단말기 뒷면(스크린 뒤)에만 카메라가 부착되어 있었다. 아이폰4에서는 카메라를 단말기 양면에 달아, 영상통화를 가능하게 만들었다. 와이파이(WiFi)를 통해 아이폰 간에는 전 세계 어디에서도 공짜로 영상통화를 할 수 있게 했다. 경쟁폰으로 영상통화를 하면 소비자는 영상통화 요금을 부가적으로 내야 한다.

둘째는 멀티태스킹 기능이다. 3GS까지는 한 번에 하나의 기능만 활용할 수 있었다. 그래서 메일을 보내면서 음악을 들을 수 없었다. 그런데 아이폰4에서는 멀티태스킹을 가능하게 해, 여러 가지 애플리케이션을 동시에 사용할 수 있게 됐다.

이로써 아이폰은 DMB 기능을 뺀 나머지 약점을 다 보완했다. 디스플레이 성능도 대폭 개선됐다. 아이폰4의 레티나(Retina) 디스플레이는 이전 아이폰 모델보다 4배나 선명해졌다. "눈이 시릴 정도로 또렷하다"는 호평도 나왔다. 디스플레이는 아이폰이 삼성전자에 비해 하드웨어 부분에서 밀리는 대표적인 분야로 언급되어왔다. 아이폰 3GS는 LCD를 쓴 데 반해, 경쟁사인 삼성전자는 옴니아 2부터 디스플레이에 아몰레드[21]를 사용했기 때문이다. 아몰레드는

TFT LCD에 견줘 동영상 응답 속도가 1000배 이상 빨라 해상도가 뛰어나다. 그러나 아이폰4의 디스플레이는 기존의 한계를 넘어섰고, 갤럭시를 앞섰다. 아이폰4의 레티나 디스플레이는 갤럭시S의 아몰레드보다 해상도가 1.5배 뛰어나다.

　디스플레이 부분의 약진은 아이폰의 진화로 해석됐다. 소비자들은 다른 기능의 장점 때문에 아이폰의 디스플레이의 열위를 중시하지 않았다. 이러한 인식에는 '애플에 디스플레이 부분까지 요구하는 것은 무리'라는 생각이 자리 잡고 있었다. 그런데 아이폰4를 통해 나타난 개선된 디스플레이를 토대로, 하드웨어·소프트웨어·서비스·가격 등 토털 패키지가 완성되었다는 평가가 나왔다. 또한 진화된 디스플레이와 빨라진 속도는 삼성전자에게 충격을 줄 것이라는 분석도 제기됐다.

　아이폰4는 2010년 6월 24일부터 5개국(미국, 영국, 프랑스, 독일, 일본)에서 먼저 출시됐다. 한국, 호주, 캐나다, 덴마크 등 18개 국가에서는 7월 중에, 그 밖의 88개 나라에서는 9월 중에 출시됐다.

02
아이폰의 강점

와이파이

아이폰은 와이파이[22]와 3G[23]를 통해 일반 컴퓨터와 마찬가지로 인터넷 기능을 이용할 수 있게 한다. 기존 휴대폰에서도 인터넷 기능을 쓸 수는 있었다. 그러나 비용이 엄청나게 비쌌기 때문에 이용자들에게 휴대폰 무선 데이터 서비스는 그림의 떡이었다. 2006년 2월 15일 전북 익산시에 살던 한 청소년이 휴대폰으로 인터넷 서비스를 이용하다가 370만 원의 요금이 청구되자 자살하는 일이 벌어지기도 했다.

당시 무선 인터넷 요금 과금 기준은 뉴스 속보 등 문자 서비스가 패킷(packet)[24]당 6.5원, 그림 등 멀티미디어 자료는 2.5원, 동영상은 1.3원이었다. 휴대폰으로 컬러링[25]을 내려받으면 곡당 2000원가량의 무선 인터넷 요금이 소요됐는데, 이 중 데이터 통화료가 1300원가량을 차지했다.

청소년 자살 사건으로 휴대폰 무선 인터넷 요금 문제는 정치 문제로까지 확산되었다. 2006년 3월 22일 인사청문회에 출석한 노준형 정보통신부[26] 장관 내정자는 "패킷 통화량 등 무선 데이터 요금이 얼마인지 정확히 사전에 고지가 안 돼 문제였다"며 "정액제 요금 체계 등을 발전시키도록 하겠다"고 밝혔다.

같은 해 4월 12일 이동통신사인 KTF[27]와 SK텔레콤은 "2006년 4월분 요금부터 휴대폰 무선 인터넷 요금을 월 최대 20만 원까지만 부과한다"고 밝혔다. 월 20만 원을 초과하는 금액은 감면됐다.

휴대폰 무선 인터넷 요금을 향한 불만이 이어지자, 정치권에서는 민심을 사기 위한 목적으로 무선 인터넷 요금 인하를 정략적으로 이용하기에 이르렀다.[28]

아이폰 도입 이전, 과도한 요금이 무선 인터넷 활성화의 걸림돌

■ 〈그림 17〉 무선인터넷 이용 활성화 방안 (단위: %)

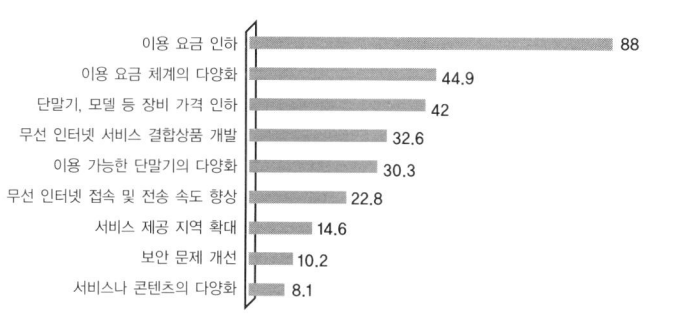

※ 자료: 한국인터넷진흥원, "2009년 무선 인터넷 이용 실태 조사 결과"(복수 응답 허용), 2009년 11월 16일

이었다는 사실은 한국인터넷진흥원의 '2009년 무선 인터넷 이용 실태 조사 결과'에서 다시 한 번 확인됐다. 복수 응답을 허용한 설문조사에서 '무선 인터넷 이용 활성화 방안'을 묻는 질문에 전체 응답자의 88%가 '이용 요금 인하'라고 답했다(〈그림 17〉 참고).

아이폰도 절대적인 요금 폭탄 안전지대는 아니다. 와이파이를 이용한 인터넷 사용은 무료지만, 3G 활용 시에는 사용량에 따라 과금되기 때문이다. KT는 각 요금제마다 일정 데이터 사용량을 추가적인 비용 부담 없이 사용할 수 있게 완충 장치를 뒀다(〈표 9〉 참고).

중국의 사례를 보면 아이폰에서 무선 랜의 중요성을 실감할 수 있다. 중국에 아이폰이 출시된 시점은 2009년 10월 30일이다. 한국과 일본의 아이폰 출시일에는 한시라도 빨리 아이폰을 갖고 싶어 하는 이들이 몰려 판매처가 장사진을 이뤘다. 그러나 중국에 아이폰을 도입한 차이나유니콤이 주최한 아이폰 출시 행사장은 썰렁했

■ 〈표 9〉 아이폰 요금제 및 요금제 관련 제공 서비스 (단위: 원)

요금제		i-라이트	i-미디엄	i-프리미엄
기본료		45,000	65,000	95,000
무료 제공	음성(분당)	200	400	800
	문자(건당)	300	300	300
	데이터(MB당)	500	1,000	3,000
아이폰 실구매가	3GS 32GB	396,000	264,000	132,000
	3GS 16GB	264,000	132,000	-
	3GS 8GB	132,000	-	-

※ 자료: KT, 2009년 11월 출시 당시 기준

다. 한국에서는 아이폰 출시 열흘 만에 가입자 수가 10만 명을 넘었으나, 중국에서는 출시 40일 만에야 아이폰 고객 수가 10만 명을 돌파했다.

대당 1000달러를 호가한 아이폰 가격과 홍콩 등지에 발달한 중고시장 등도 아이폰의 인기를 떨어뜨렸지만,[29] 이 못지않게 무선랜 기능이 제거된 '아이폰의 불완전성'도 흥행 실패의 주요 원인이었다.

앱스토어

앱스토어는 애플리케이션 스토어(Application Store)의 준말이다. 애플이 운영하는 이 공간을 구성하는 주체는 크게 셋으로 나뉜다. 첫째는 애플이다. 애플은 관리자의 역할을 맡는다. 개발자가 만든 콘텐츠를 일정 기준을 근거로 검수하는 등 애플리케이션 관리를 책임진다. 나머지 두 주체는 콘텐츠 공급자와 수요자인 소비자다. 소비자는 전 세계 77개국의 아이폰 혹은 아이팟 사용자다.[30]

앱스토어는 아이폰3G가 출시될 무렵인 2008년 7월 10일에 문을 열었다. 아이폰2G 사용자는 애플리케이션 시대를 접하지 못했던 셈이다. 앱스토어 오픈과 함께 본격적인 아이폰 시대가 시작됐다고 볼 수 있다.

앱스토어에 접속하는 방법은 두 가지다. 인터넷이 연결된 개인용 컴퓨터에 설치된 아이튠즈를 통해 접속하거나 와이파이와 3G망을 통해 아이폰이나 아이팟으로 앱스토어에 접속하는 것이다.

누구든지 앱스토어에 애플리케이션을 올릴 수 있다. 애플 내부 기준에만 저촉되지 않으면 된다.[31] 애플리케이션 가격은 개발자가 정한다. 애플리케이션 판매 수익 중 30%를 애플이, 70%를 개발자가 갖는다. 애플은 서버 운영비 명목 등으로 수익의 30%를 받는다는 입장이다.

콘텐츠 제작자들에게 애플 앱스토어는 새로운 기회의 땅으로 떠올랐다. 앱스토어상에서 흥행에 성공하면 막대한 수익을 얻을 수 있기 때문이다. 애플리케이션의 수는 급격히 증가해, 앱스토어 개설 23개월째인 2010년 6월 현재 21만 개가 넘는다. 설립된 지 18개월 만인 2010년 1월 6일에는 앱스토어를 통한 애플리케이션 다운로드 건수가 30억 건을 돌파했다(〈그림 18〉〈그림 19〉〈표 10〉 참고).

스티브 잡스는 "18개월이 채 되지 않는 시간 동안 30억 건이 넘는 다운로드 횟수를 기록했으며, 이는 이전에는 좀처럼 볼 수 없었던 놀라운 수치"라고 말하며 "혁명적인 앱스토어는 아이폰과 아이

■ 〈그림 18〉 애플 앱스토어 등록 애플리케이션 수 (단위: 100만 개)

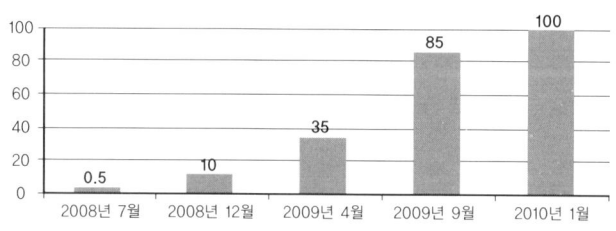

※ 자료: 피어스모바일, 피어스디벨로퍼

■ 〈그림 19〉 애플 앱스토어 애플리케이션 다운로드 수   (단위 : 1000건)

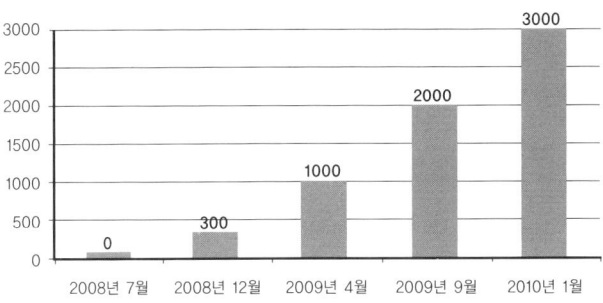

※ 자료: 피어스모바일, 피어스디벨로퍼

■ 〈표 10〉 스마트폰의 운영체제와 앱스토어 현황(2010년 3월 기준)

운영체제	운영사	주력 휴대폰과 주요 활용 제조사	앱스토어 이름	애플리케이션 수
심비안 (Symbian)	노키아	노키아, 소니에릭슨, 삼성	오비스토어 (Ovi Store)	NA
맥 OS (Mac OS X)	애플	애플	앱스토어 (App Store)	185,000
블랙베리 (Black Berry)	리서치인모션 (RIM)	리서치인모션 (RIM)	블랙베리 앱월드 (Black Berry App World)	6,000
윈도우 모바일 (Windows Mobile)	마이크로소프트	LG, 삼성	윈도우마켓플레이스 (Windows Marketplace for Mobile)	700
안드로이드 (Android)	개방형 OS	모토로라, 삼성	안드로이드 마켓플레이스 (Android Marketplace)	30,000
팜 (Palm Web OS)	팜	팜	팜(Palm)	2,100
미고 (Meego)	노키아, 인텔	노키아	오비스토어 (Ovi Store)	NA

※ 참고: NA=사용 불가 혹은 적용 안 됨
※ 자료: 하버드비즈니스리뷰, 2010년 4월 13일

팟 사용자들에게 다른 모바일 기기에서는 찾아볼 수 없는 새로운 경험을 제공하며, 당분간 앱스토어를 따라잡을 만한 경쟁자는 없어 보인다"고 자축했다.

앱스토어의 애플리케이션은 엔터테인먼트, 도서, 비즈니스, 뉴스, 스포츠, 건강 등 총 20가지 카테고리로 구분된다. 가장 많은 애플리케이션은 게임이다. 전체 콘텐츠의 5건 중 1건이 게임이다〈그림 20〉 참고).

애플리케이션은 무료가 압도적으로 많다. 유료 애플리케이션은 전체의 2~6% 정도로 추산된다. 그러나 유료 애플리케이션의 다운로드 비중은 무료에 비해 높았다. 전체 다운로드의 25~60%가 유료 애플리케이션에서 발생한 것으로 추정된다.

■ 〈그림 20〉 애플 앱스토어의 애플리케이션 구성 현황

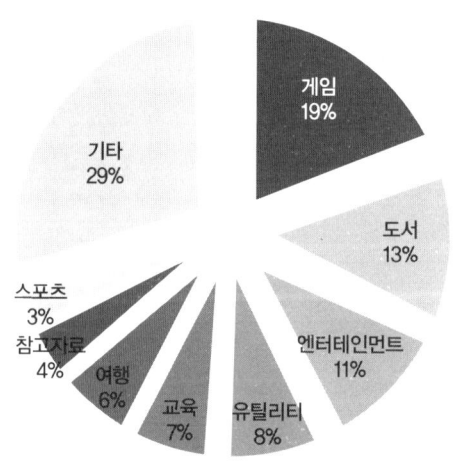

※ 자료: 한화증권, 원시 자료 출처=앱티즘(Apptism), 2009년 6월 기준.

정전식 터치스크린

아이폰3GS가 한국에 도입됐을 때, 한국 소비자의 주목도를 높이게 되는 결정적 역할을 했던 것이 바로 정전식 터치스크린(capacitive sensing screen)이었다.

아이폰 출시에 앞서 삼성전자가 한 달 전에 출시한 스마트폰 옴니아2(Omnia2)의 스크린은 정압식(resistive sensing screen)이었다. 뿐만 아니라 아이폰 이전 국내에 출시됐던 터치스크린 휴대폰은 모두 정압식이었다.

정압식은 압력을 인식하여 동작한다. 가격이 상대적으로 저렴하고, 스타일러스(stylus)[32]를 사용하기 때문에 작은 칸에도 글씨를 쓸 수 있는 등 세밀한 동작이 가능하다. 그러나 호주머니나 가방에 넣어 보관했을 때, 외부 충격에 의해서 원치 않게 전화가 걸리는 등의 문제가 발생해 고객들의 불만이 컸다.

정압식의 결정적인 열위 요소는 둔한 터치감이다. 정전식은 사람의 몸에서 나오는 정전기를 인식하는 방식이다. 압력을 이용하는 감압식과 달리 인듐 주석 산화물이라는 전도성이 높은 유리로 구성되어 있다. 유리의 네 모서리에 센서가 부착되어 있기 때문에 유리 표면은 전류가 흐르는 상태가 된다. 이것을 통하여 전류의 변화를 인식하는 것이 정전식의 원리다. 손가락을 화면에 댄 순간에 유리에 흐르던 전자가 손가락을 통해 몸 안으로 흐르게 되어 이때 변화가 일어난 전자의 위치를 센서가 감지하여 동작하는 방식이다.

정전식 방식은 조작감과 스크롤이 부드럽고, 여러 군데 터치할 수 있는 멀티 터치가 가능하다. 손가락 정전기에 반응하는 방식이다 보니, 전류가 통하지 않는 가죽 장갑을 끼고 사용하거나 손톱, 스타일러스로는 조작이 되지 않는다. 센서가 민감하기 때문에 주변 기기에 영향을 받을 수도 있다.

정전식인 아이폰이 지닌 부드러운 터치감은 정압식의 옴니아2를 압도했다. 삼성전자는 후발 모델에서는 정전식을 채택했다. 삼성전자는 옴니아2의 후속인 갤럭시A[33]는 마케팅 포인트 중 하나로 정전식 스크린을 내세웠다.[34] 정압식이었던 옴니아2의 실패 원인 중 하나가 스크린 터치감이었음을 깨달은 결과다.

03
애플 기업 가치 향상에 대한 아이폰의 기여도

2007년 아이폰 출시 후 애플은 매년 큰 폭의 성장을 했다. 하반기부터 아이폰 실적이 반영된 2007년 매출액(Total Revenue)은 전년 동기 대비 27.2% 상승했다. 아이폰의 실적이 본격적으로 반영되기 시작한 2008년 연간 매출액은 2007년 대비 52.5% 증가했다. 2009년에도 14.4% 상승함으로써 매년 매출액이 두 자릿수 상승률을 기록 중이다.

아이폰의 실적 기여도는 순도도 높다. 매출이 이익으로 이어지는 비중의 척도인 영업이익률이 2007년부터 상승했다. 애플의 영업이익률은 2006년 12.7%에서 17.9%(2007년), 22.2%(2008년), 27.4%(2009년)로 가파르게 올랐다. 매출이익률(Gross margin)은 2006년 29%에서 2009년 40%까지 증가했다.

휴대폰 시장점유율 2위인 삼성전자와 비교해보면 애플 이익의

■ 〈표 11〉 애플과 삼성전자의 수익성 비교

제조사	휴대폰 판매량	매출액	영업이익	영업이익률
애플	2500만 대	17조 9000억 원	5조 원	28.8%
삼성전자	2억 2700만 대	42조 1000억 원	4조 1000억 원	9.8%

※ 자료: 지식경제부

순도는 명확하게 드러난다. 삼성전자는 2009년에 휴대폰 2억 2700만 대를 팔아 42조 원의 매출액을 올렸지만 영업이익은 4.1조 원에 불과했다. 영업이익률로 환산하면 9.8%다.

반면, 애플은 같은 기간 아이폰 2500만 대를 팔아 매출액 17조 원을 기록했다. 이를 통해 애플이 거둔 영업이익은 5조 원으로, 영업이익률이 28.8%에 달했다. 아이폰의 판매 대수는 삼성전자 휴대폰의 11%에 불과했지만, 영업이익률이 22%나 높았던 것이다(〈표 11〉 참고).

실적 개선은 주가에 고스란히 반영됐다. 애플의 주가는 2007년 초 83.8달러에서 2010년 4월 23일 270.83달러까지 상승했다. 주가가 기업가치의 척도임을 감안하면, 증시에서는 아이폰 이후 애플의 가치가 223.2% 높아졌다고 판단한 것이다.[35]

2010년 5월 26일 애플의 시가총액은 IT 업계 1위인 마이크로소프트를 앞섰다. 이날 애플의 시가총액(종가 기준)은 2210억 달러, 마이크로소프트는 2190억 달러를 기록했다. 아이폰이 출시된 2007년 초를 기준 시점으로 아이폰4 발표 직전까지 두 기업의 주가를 살펴보면, 애플은 2007년 초 대비 205.4% 상승했지만, 마이크로소프트

■ 〈그림 21〉 애플과 마이크로소프트의 주가 추이

※ 주: 2007년 1월 3일 주가를 100으로 가정

는 오히려 13.6% 떨어졌다(〈그림 21〉 참고).

2010년 10월 13일 애플의 주가는 장중 한때 300달러를 넘었다. 시가총액은 약 2740억 달러에 이르렀다. 인텔과 휴렛패커드(HP), 구글 등 IT 업계 주요 기업들을 제치고 IT '황제주'로 자리를 굳혔다. 애플은 2010년 들어 40% 이상의 주가 상승률을 기록했다. 같은 기간 나스닥 종합지수 상승률은 7%였다.

애플의 부상과 마이크로소프트의 침몰은 IT 산업의 패러다임이 인터넷 기반의 온라인 시대에서 모바일 시대로 변하는 과정의 부산물로 해석된다.

04 아이폰의 향후 전망

아이폰의 최대 적은 구글 OS인 안드로이드를 탑재한 안드로이드 폰이다. 아이폰은 애플이 만든 전용 OS만 쓰는 데 반해, 안드로이드폰은 구글이 제공하는 OS를 이용해 만든 스마트폰이다. 휴대폰 제조사는 누구라도 비용 부담 없이 안도로이드를 이용해 스마트폰을 만들 수 있다.

누구라도 자유롭게 안드로이드를 활용할 수 있는 개방성은 안드로이드폰이 아이폰과 대별되는 특징이다. 안드로이드는 아이폰에 밀린 이동통신사와 휴대폰 제조사가 아이폰에 대응하기 위한 무기로 채택했다.

미국에서는 버라이즌(Verizon Communication)과 스프린트(Sprint Corporation)가 안드로이드폰을 AT&T 아이폰의 대항마로 택했다.[36] 버라이즌은 2009년 4분기 전략 상품으로 모토로라의 안드로이드폰

'드로이드'를 선택했고, 스프린트는 삼성전자의 모먼트와 HTC의 '히어로' 등 2종의 안드로이드폰을 내세웠다.

SK텔레콤은 2010년 스마트폰 15종 중 12종을 안드로이드폰으로 택했고, LG텔레콤도 2010년 안드로이드폰을 2~3종 선보일 계획을 세웠다. 옴니아2로 애플 아이폰에 밀린 삼성전자의 야심작 갤럭시A, 갤럭시S는 모두 안드로이드폰이었다.

안드로이드를 향한 러브콜에 안드로이드폰은 아이폰과 더불어 2010년에도 시장점유율이 증가할 것으로 예상됐다. 반면 노키아, 림, 마이크로소프트의 스마트폰 OS 시장점유율은 낮아질 것으로 전망됐다.

아이폰과 안드로이드폰은 정반대 기업 스타일의 충돌이라는 점에서 주목된다. 아이폰의 운영체제는 폐쇄적이다. 아이폰 OS에는 다른 프로그램을 끼워 넣을 수 없다. 국내에서 널리 쓰이는 DMB 프로그램이 아이폰에 못 깔리는 이유도 이 때문이다. 이 구속에 답답해하는 이들은 '탈옥'을 통해 애플 고유의 운영체제에서 벗어나기도 한다. 한국 아이폰 사용자 중 10%가 탈옥을 감행했다.[37]

안드로이드폰은 개방성의 상징이다. 구글의 운영체제를 택하고 싶은 제조사는 이것을 가져가서 쓰면 된다. 휴대폰 공급자 입장에서는 폐쇄적인 애플보다는 개방적인 안드로이드를 높게 평가할 수밖에 없다. 구글 안드로이드폰은 애플의 독단적인 아이폰 운영체제에 갈등하는 제조사들에게 최적의 플랫폼이라는 평가를 받았다.[38]

애플리케이션 수익 배분 측면에서 구글은 이동통신사에게 매력적이다. 애플 앱스토어에서 발생하는 수익은 애플이 30%, 개발자가 70%를 가져간다. 구글 안드로이드마켓에서 발생되는 수익은 이동통신사가 30%, 개발자가 70%를 갖는다.

구글의 개방성을 상쇄한 애플의 무기는 충성도 제고 전략이다. 애플은 아이폰 OS 업데이트, 애플리케이션 관리 등을 통해 고객에게 지속적으로 높은 품질의 서비스를 제공한다.

애플과 구글은 스마트폰뿐만 아니라 광고 등 많은 IT 분야에서 대립하고 있다. 스마트폰에서 두 회사 간 격전의 결과는 다른 IT 분야에도 큰 영향을 미칠 것으로 전망된다.

05 스마트폰의 핵심인 에코 시스템

일반폰과 스마트폰의 핵심적인 차이는 플랫폼(Platform)이다. 플랫폼은 한마디로 정의하기는 어려운 용어다.

컴퓨터는 맨 아래층인 집적회로 칩(IC chip) 수준의 하드웨어 층, 그 다음 층인 펌웨어(firmware)와 운영체제 층, 맨 위층인 응용 프로그램 층으로 구성되는 계층화된 장치다. 이 장치의 맨 아래층만을 흔히 플랫폼이라고 부른다.

그러나 응용 프로그램 설계자들은 하드웨어와 소프트웨어를 모두 플랫폼이라고 부른다. 그 이유는 하드웨어와 소프트웨어가 응용에 대한 지원을 제공하기 때문이다.

플랫폼이란 단어는 컴퓨터 산업 외에서 사용되면서 용어가 내포하는 의미가 다양해졌다. 단말기에서 서비스가 잘 구현되도록 지원하는 소프트웨어를 플랫폼으로 칭하기도 한다. 플랫폼의 정의는 다양하지만 일치점(consensus)은 존재한다. 승강장이라는 사전적 의미처럼 플랫폼은 이용자가 서비스를 활용하기 위해서는 반드시 들러야 하는 무언가라는 것이다. 공급자와 소비자 간 가치 사슬(Value Chain)상 핵심에 있는 플랫폼 장악은 곧 해당 산업의 헤게모니 확보를 의미한다.

스마트폰 이전 시대에 휴대폰 산업의 핵심은 통신망을 쥔 이동통신사였다. 당시 소비자들은 휴대폰으로 통화, 문자 메시지 등 통신 본연의 가치만을 추구했다. 이 가치를 전달하는 이동통신사는 그 자체로 스마트폰 이전 시대의 플랫폼 역할을 했다. 이때는 휴대폰을 구동시키기 위한 OS의 차별화는 별 의미가 없었다. 한국 정부 주도로 만든 표준형 플랫폼 위피는 휴대폰 하드웨어와 소프트웨어가 가치 사슬상에서 중심이 아님을 보여주는 대표적인 사례다.

스마트폰 시대에는 기존 통신 서비스 외 인터넷과 애플리케이션이라는 새로운 가치가 추가됐다. 애플리케이션은 통신 서비스를 이동통신사 중심에서 소비자와 애플리케이션 개발자 중심으로 변화시켰다. 스마트폰 이전에 소비자는 휴대폰 제조사와 이동통신사가 휴대폰에 집어넣은 서비스만을 쓸 수 있었다. 소비자의 불만은 다른 하드웨어 제품과 마찬가지로 다음 제품이나 모델을 만들 때 반영되었다.

그러나 스마트폰 시대는 다르다. 소비자가 원하는 서비스는 곧 애플리케이션 개발자를 통해 실현된다. 이동통신사가 배제된 채 소비자와 애플리케이션 개발자가 커뮤니케이션하면서 스마트폰의 가치가 제고될 수 있는 환경이 마련됐다. 애플이 앱스토어를 통해 구축한 애플리케이션 마켓은 스마트폰 환경에서 가치 사슬의 핵심이 되는 플랫폼이 됐다.

KT와 애플의 아이폰 전선에 초반 승기를 뺏긴 SK텔레콤과 삼성전자가 자체 애플리케이션의 규모를 키우는 것도 이 때문이다. SK텔레콤은 2010년 5월 24일 이동통신사마다 배타적으로 운영해왔던 콘텐츠 서비스 체계를 벗어나 경쟁사인 KT와 LG텔레콤의 고객도 SK텔레콤이 운영하는 T스토어를 이용할 수 있게 했다. SK텔레콤은 표면적으로는 T스토어 개방에 대해 "무선 인터넷 시대에 진정한 오픈 마켓의 취지에 맞는 '개방'과 '공유'의 정신을 실천하는 의미가 크다"고 설명했다. 그러나 이는 규모를 키워 KT와 애플 전선에 대항하기 위해 자체 애플리케이션 마켓의 규모를 키우려는 전략이 반영된 결과다. SK텔레콤은 삼성전자의 갤럭시S 출시에 맞춰 애플리케이션 개발자 유치를 위해 T스토어에 애플리케이션을 등록하는 개발자들의 상품 등록 수수료와 개인 연회비를 평생 무료화하는 정책을 펴기도 했다. KT의 아이폰과 경쟁해서 시장 위상을 되찾아 줄 것으로 기대되는 삼성전자의 갤럭시S를 키우기 위해 SK텔레콤은 애플리케이션 마켓 육성 전략을 택한 것이다. 당시 아이폰의 대항마인 안드로이드폰으로 스마트폰 사용자들이 선뜻 오지 않았던 이유 중 하나가 아이폰 앱스토어에 비해 턱없이 부족한 애플리케이션 때문이었다.

06
스마트폰 성공의 핵심 키워드, 상생

　스마트폰 플랫폼의 성공을 위해서는 휴대폰 제조사와 이동통신사로 이뤄진 대기업과 중소기업 간 협력이 반드시 필요하다. 일반폰 시대에는 소비자의 효용을 결정짓는 영역에 휴대폰 제조사와 이동통신사만 존재했다면, 스마트폰 시대에는 이 영역 밖에서 맴돌던 소비자가 핵심 주체로서 진입했다. 대기업 입장에서는 애플리케이션 등에서 소비자의 만족에 민첩하게 대응하기 위해서 중소기업과의 공조가 절실해진 상황이다.

　파트너십이 강조되는 시대로 접어들었지만, 스마트폰 시대 이전까지 대기업과 중소기업 간 상생은 사실상 전무했다. 그보다는 대기업 중심의 일방주의만 있었을 뿐이다. 대기업은 중소기업을 파트너가 아닌 하도급의 대상으로만 본 것이다. 이는 창의성과 유연성으로 상징되는 중소기업 문화를 위축시켰다.

스마트폰 시대 이전의 휴대폰 완제품 제조사와 이동통신사의 가치 사슬을 살펴보자.

휴대폰 완제품 제조사는 각종 부품사들과 수직 관계를 이루며 가치 사슬의 상단에 섰다. 한국의 경우, 완제품 제조사와 부품사 간의 관계에는 상생보다는 대기업이 중소기업을 일방적으로 이용하는 구조를 보였다. 부품사들은 매년 5~10%의 판매가 인하 압력을 받았다. 국내 업체에 매출 편중도가 높던 업체들은 매년 수익성 악화를 겪었다.

대표적인 예가 슬라이드폰의 힌지(hinge)[39]를 납품하는 쉘라인(Shell Line)과 KH바텍(KHVatec)이다. 이 두 부품사의 수익성 추이를 보면 국내 휴대폰 제조사와 부품업체 간 관계를 알 수 있다. KH바텍의 영업이익률은 2007년 2.9%에서 2008년 11.3%, 2009년 16.4%로 가파르게 올랐다. 반면 쉘라인은 2006년 15.3%였던 영업이익률이 점차 줄어 2009년에는 8.8%까지 내려갔다. 상반된 결과의 원인은 매출처다. 쉘라인은 삼성전자에만 '올인'한 데 반해 KH바텍은 삼성전자뿐만 아니라 노키아와 리서치인모션 등 다양한 납품처를 두었다.

증권가에서는 다변화된 매출처가 마진 측면에서 더 남길 수 있었던 요인이라고 풀이했다. 부품 업계에서는 노키아나 리서치인모션 등의 외국 회사와 삼성전자 등의 국내 회사가 부품 회사를 대하는 태도의 차이가 두 부품사의 실적 격차를 만든 원인이라고 보다 구체적으로 설명했다.

삼성전자 등의 국내 제조사는 부품 회사에 제품 발주를 할 때 시간 여유를 주지 않았다. 일주일의 짧은 시간을 주고 발주 물량을 맞춰달라고 요구하기도 했다. 이로 인해 부품 회사들은 대기업의 갑작스런 주문에 맞추기 위해 항상 재고를 남겨야 했다. 대기업의 재고 관리 비용을 부품 회사가 떠맡는 형국이었다. 그리고 대기업들은 부품 회사의 수익이 높으면, 이를 근거로 매년 5~10%씩 판매가 할인 요구를 해왔다.

반면, 외국 회사는 다르다. 한 부품 회사 사장은 "외국 회사는 부품 회사도 남는 게 있어야 한다"며 "일정 수익을 남겨주는 식으로 계약을 했다"고 전했다. 납품 물량도 6개월~1년치를 미리 알려주고 부품 회사가 대비할 수 있도록 배려해줬다.

소프트웨어 납품도 큰 차이를 보이지 않는다. 한 모바일 소프트웨어 업체 사장은 "유독 삼성전자와는 파트너 관계를 다지기가 어려웠다"는 말로 삼성전자와의 비즈니스 관계를 설명했다.

이동통신사도 통신 서비스 업체 위에 군림하기는 마찬가지였다. 이동통신사 서비스에 소프트웨어 탑재 여부를 결정짓는 부서는 말단 직원까지도 서슬 퍼런 권세를 누렸다.

한 대형 금융사의 모바일 소프트웨어 관계자는 "서비스 탑재 재계약 여부도 통신사가 아무런 상의 없이 일방적으로 통보해주곤 했다"며 "우리 같이 어느 정도 사회적 지위가 있는 기업에게도 이렇게 대하는데, 소규모 소프트웨어 업체에게는 오죽했겠는가?"라고 말했다. 모바일 소프트웨어 업계에서는 이동통신사의 직원에게 밉 보이면 서비스 공급이 끊길 수도 있다는 말까지 나왔다. 통신 서비스 관리부서의 막강한 권한은 이동통신사 내부의 다른 직원들도 공감할 정도였다.

3부
삼성
– 준비했지만 철저하지 못했다

1장
불성실한 준비

그러나 삼성전자와 SK텔레콤은 모바일의 도래 속도를 잘못 계산해서 아이폰 쇼크를 겪게 되었다고 볼 수 있다. 달리 말하자면 삼성전자와 SK텔레콤이 아이폰이 들어오기 전에 스마트폰 시장을 사전 제압할 수 있는 기회를 가졌다는 표현도 가능하다. 만약 스마트폰 시장의 잠재적 수요를 제대로 읽고 아이폰 도입 이전에 스마트폰 시장 확산 드라이브를 걸면서 한국형 앱스토어를 튼튼하게 갖췄다면 아이폰 상륙 때 볼만한 대결이 펼쳐졌을 것이다.

01
미래의 스마트폰보다 현재의 신흥 시장 패권에 관심

2008년 삼성의 휴대폰 사업 전략은 두 가지로 나뉘었다. 첫째, 국내와 선진 시장에서는 고가폰 전략을 택했다. 보급률 면에서 포화에 달한 선진 시장에서 휴대폰이 필수재를 넘어서 각 개인의 개성을 드러내는 액세서리로 변한 결과다. 둘째, 중남미와 동유럽, 아시아와 중앙아시아 등 신흥 시장에서는 저가폰 전략을 썼다. 저가폰은 선진국 시장과 달리 기술 경쟁력이 중요하지 않다. 유행이 지나 선진국 시장에 팔기 어려운 휴대폰을 '재활용'하는 차원에서도 달콤한 시장이다. 시장 성숙도 면에서도 성장기 국면에 있는 이머징 시장을 장악하는 것은 해외 비중이 높은 삼성에게는 필수 과제로 여겨졌다. 2008년 삼성의 휴대폰 매출 비중을 보면, 전체 매출의 85%를 해외에서 거두고 있었다.

삼성전자는 "중남미와 동유럽 등 일부 지역에서는 보급률 증가에 따른 신규 수요 감소세로 성장률이 다소 둔화되지만, 아시아와 중앙아시아 시장을 중심으로 성장세를 지속하여 휴대폰 시장을 견인할 것"이라고 전망했다.

삼성전자 휴대폰은 2008년 해외 수출이 대폭 늘어났다. 휴대폰 판

■ 〈그림 22〉 늘어나는 해외 휴대폰 매출

삼성전자 (단위: 10억 원)

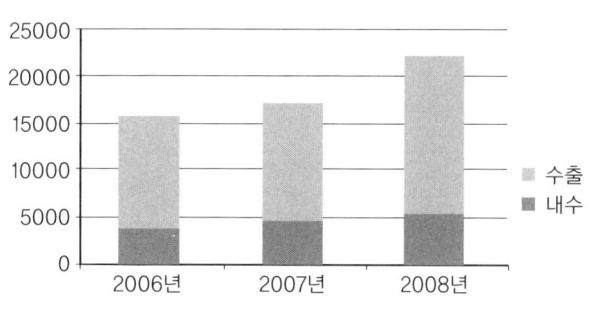

LG전자 (단위: 10억 원)

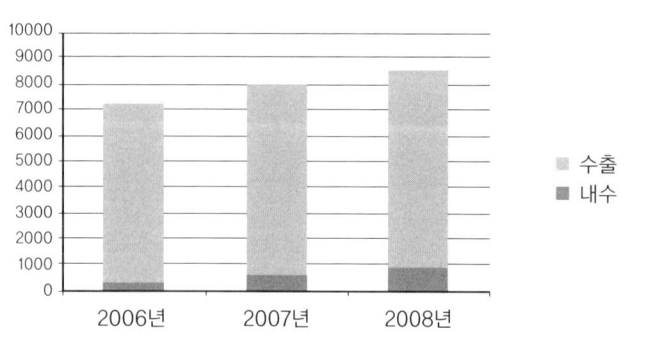

매액 성장률은 2007년에는 전년 동기 대비 5.3%였지만, 2008년에는 31.1%로 급신장했다. 내수 부문의 성장률은 2007년과 2008년 각각 15%와 15.2%였다. 해외 부문의 성장으로 2007년 6.9%였던 휴대폰 매출액 증가율은 2008년에는 28.3%로 급등했다(〈그림 22〉 참고).

02 스마트폰의 중요성을 인식하다

삼성전자는 2007년 5월 15일에 발표된 2007년 1분기 보고서에서 스마트폰을 처음 언급했다. 보고서에는 향후 관련 시장을 전망하는 '신규 사업 등의 내용 및 전망'에서 향후 스마트폰 전략이 담겼다.

"휴대폰 부문은 더욱 감성적이고 향상된 기능의 울트라 에디션 2기 모델 및 스마트폰 등을 지속적으로 출시하여 프리미엄 시장을 주도할 계획이다."

이때부터 스마트폰 부문 육성 계획은 보고서마다 계속 언급되었다. 스마트폰 전략은 라인업 확장에 집중되었다. "500만 화소 카메라폰 G800 및 전면 터치스크린폰 F490 등 다수의 프리미엄 제품을 출시하여 멀티미디어 시장을 주도하고, 스마트폰 라인업 확장 및 HSUPA[40] 등 신기술 적용 제품 출시로 본격적으로 부상하는 3세대와 모바일 인터넷 시장도 선도할 계획이다."(2007년 사업 보고서)

라인업 강화 전략의 의미는 삼성전자가 자체적으로 스마트폰 시장의 성장 가능성을 인지하고 있었음을 의미한다.

2008년 사업 보고서에는 회사 영업 현황을 소개하는 부분에 다음과 같은 문구가 등장한다.

"휴대폰 사업은 2008년 상반기 소울, 햅틱 등 중·고가 제품 및 하반기 800만 화소 신제품 Pixon과 터치스크린 스마트폰 옴니아 등의 판매 호조로 어려운 경영 환경 하에서도 2억 대(연결 기준)에 가까운 휴대폰을 판매했다."

동일한 보고서의 '신규 사업 등의 내용 및 전망'에서 삼성전자는 "스마트폰, 터치스크린폰 등 고부가가치 제품 라인업 확대, 사용 편의성 개선 및 사업자와의 협력 강화" 계획을 밝혔다.

두 보고서를 통해 두 가지 사실을 알 수 있다. 하나는 삼성전자가 옴니아를 스마트폰으로 여겼다는 점이고, 다른 하나는 삼성전자가 시장에서 히트 친 스마트폰을 갖고 있다고 자평했다는 점이다.

옴니아는 2008년 삼성전자가 아이폰의 대항마로 해외에 내놓은 전략폰이었다. 2008년 6월 싱가포르에서 신제품 SCH-i900이 발표됐고, 한국에는 5개월 후인 11월 국내 실정에 맞게 리모델링된 SCH-490이 출시됐다.

2008년 11월 삼성전자가 마이크로소프트, SK텔레콤과 협력해 LG전자보다 한 발 먼저 SCH-490(T-옴니아)을 내면서 휴대폰의 하나의 장르로서 스마트폰 시장이 열렸다. SCH-490은 삼성전자와 SK텔레콤이, 아이폰2G가 출시된 2007년 6월에서 8개월이 지난

2008년 2월부터 아이폰에 대적할 스마트폰을 만들기 위해 준비한 프로젝트였다.

삼성전자의 스마트폰 대응이 글로벌 업체에 비해서 신속했다고 할 수는 없다. 그러나 LG전자와 비교할 때, 시장 인식이 빨랐다. 이 때문에 아이폰 상륙 후 국내 휴대폰 제조사의 위상이 급락하는 가운데에서도 애플에 맞설 대항마로 꼽힐 수 있었다.

2009년 초까지만 해도 삼성전자는 스마트폰을 위협적으로 느끼고는 있었지만, 여유는 있는 모습이었다. 그 당시까지는 스마트폰 전문 제조사[41]의 시장 비중이 크지 않았기 때문이다.

삼성전자는 "시장에서 주목받는다"는 표현으로 스마트폰에 대한 인식을 드러냈다. "모바일 인터넷(Mobile Internet) 시대를 맞이하여 휴대폰 기능이 PC 영역으로 확장되는 추세에 따라 PC 수준의 성능과 기능을 갖춘 스마트폰이 주목을 받고 있다"고 2009년 1분기 당시 이동통신 산업을 설명했다.

그러나 삼성전자는 스마트폰의 시장 변화에 대해서는 구체적으로 설명하지 않았다. 삼성전자는 보고서에 시장조사 업체 스트래티지 애널리틱스(Strategy Analytics)의 분석으로 국내외 시장 여건을 갈음했다. 2009년 1분기에 인용된 스트래티지 애널리틱스의 분석은 신흥 시장 상황에 관한 내용이었다. "최근 2~3년간 휴대폰 수요의 성장 동력 중 하나였던 신흥 시장 역시 보급률 증가와 경기 침체의 여파로 전년 동기 대비 소폭의 역성장이 예상된다."

삼성전자는 2009년 반기 보고서부터 스마트폰 관련 비중을 늘렸다. 반기 보고서 때 추가된 문장은 "휴대폰의 멀티미디어와 인터넷 기능 강화로 콘텐츠와 소프트웨어의 중요성이 높아지고 있다. 주요 휴대폰 업체들은 각자 독자적인 콘텐츠와 애플리케이션 사업을 진행 중이거나 준비 중이다"였다. 삼성전자는 2009년 자체 앱스토어 계획을 발표하는 등 스마트폰 시대에 대비하려는 모습을 보였다.

03
첫 스마트폰을 통해 본
삼성전자의 타깃 포인트와 포지셔닝

　옴니아폰(SCH-490)은 국내에서는 SK텔레콤을 통해 판매됐다. 출시 8개월만인 2010년 6월 누적 판매량 15만 대를 넘으며, 당시 한국 스마트폰 시장의 90%를 삼성전자가 차지하는 데 결정적인 역할을 했다. 그러나 삼성전자의 강세는 스마트폰 자체의 경쟁력으로 평가되지 않았다.
　2009년 상반기는 스마트폰 시장이 초기인 데다가 시중에 출시된 제품도 적었다. 삼성전자 제품 외에 눈에 띄는 판매 실적을 기록한 제품이 전무하다는 평가까지 나왔다. 2009년 2월 옴니아폰 대항마로 LG전자가 선보인 스마트폰 인사이트(INCITE)는 판매량을 외부에 비밀로 부쳐야 할 정도로 부진했다.
　이 때문에 스마트폰 시장에서 시장점유율 90%라는 삼성전자의 독주는 '비정상적인 현상'이며, 한국 휴대폰 시장 전반에 쌓인 삼성전자의 높은 브랜드 파워의 결과로 해석됐다.

옴니아폰은 2009년 한국에서 유행했던 터치스크린폰의 또 다른 프리미엄 휴대폰일 뿐, 스마트폰으로서의 위상은 없었다. 이동통신 업계에서도 "실제 외국에서 스마트폰으로 통용되는 휴대전화가 국내에 들어오면 일반 고가폰 정도"라는 평가가 나오는 때였다.

이는 삼성전자의 포지셔닝 전략에서도 여실히 드러난다. 옴니아폰은 일반폰과 대별되는 새로운 개념의 휴대폰이 아니었다. 라틴어로 '모든 것'을 뜻하는 브랜드명 '옴니아(Omnia)'에서 엿볼 수 있듯 기존에 나왔던 휴대폰의 집합체 성격이 강했다.

옴니아폰은 사용자 환경, 인터넷, 스크린 화질 등 하드웨어 측면에서는 2010년 갤럭시S 못지않게 구성되었다. 그러나 스마트폰의 핵심인 인터넷과 모바일 비즈니스 기능 사용자 환경, 스크린 화질, DMB와 카메라 등의 부가 기능보다 나중에 소개되어 있었다. 마케팅 포인트를 잘못 잡은 것이다.

옴니아는 콘텐츠 면에서도 기존 휴대폰과 차별화된 아이템을 많이 담았다. 뉴스와 주식 정보 등이 무료로 제공됐다. SK텔레콤의 음악 서비스인 멜론도 무료였다. 휴대전화에서 워드, 엑셀, 파워포인트 등의 문서 작업을 할 수 있었고, 다양한 동영상도 별도의 프로그램 없이 재생됐다.

그럼에도 불구하고 PC로서의 기능은 약했다. 우선 조작이 쉽지 않았다. PC에서 인터넷을 하듯이 클릭 몇 번으로 원하는 정보를 얻을 수 있어야 하지만 옴니아의 터치스크린에 터치펜으로 인터넷 브

라우저를 띄우고 사이트 주소를 치거나 단어 등을 입력하기란 여간 어려운 것이 아니었다. 사용자 환경상의 약점은 1년 후 출시된 옴니아2에도 영향을 미쳤다. 옴니아2가 아이폰과의 대결에서 패한 원인 중 하나가 사용자환경이었다. 애플 아이폰은 '조작하기 쉽다'는 점을 강조한 광고로 소비자에게 어필했다.

삼성전자는 스마트폰이 일반폰과 대별되는 가장 큰 특징인 인터넷 기능 등을 강조하기보다는 기존 프리미엄 휴대폰보다 수준이 한 단계 위인 폰을 만드는 데 주력했다. 옴니아폰이 프리미엄 고객을 대상으로 준비되었음을 보면 이 사실을 알 수 있다.

옴니아폰의 가격은 100만 원을 호가하면서, "세탁기보다도 비싸고 양문형 냉장고와 같은 가격"이라는 비판을 받았다. 가격은 저장장치 용량에 따라 4GB제품이 96만 8000원, 16GB 제품이 106만 8000원이었다.

한편, 옴니아폰은 출시 후 느린 인터넷 속도가 결점으로 지적받았다. 이는 삼성전자의 탓이라기보다는 SK텔레콤의 문제였다. 2009년 국내 스마트폰의 인터넷 속도는 PC용 인터넷과 비교해 4분의 1 수준이어서 매력도가 떨어졌다. 원인은 무선 데이터 송수신 기술 때문이었다. 통신 기술이 떨어지면 휴대폰 단말기가 좋아도 통신 속도가 떨어질 수밖에 없다. 스마트폰 시대가 도래한 이후, SK텔레콤과 KT가 경쟁적으로 무선 네트워크 확대 정책을 편 이유도 이 때문이다.

04

스마트폰 수요에 대한 확신 부재

옴니아폰은 스마트폰에 대한 고민의 흔적은 담고 있다. 우선 무선 인터넷이 있는 곳에서 사용할 수 있는 와이파이 기능을 탑재했다. 아이폰 후 스마트폰 시대가 열리면서 사용자들이 가장 많이 쓰는 서비스가 인터넷이었다.[42]

옴니아폰은 스마트폰 활성화를 위해서는 일차적인 단계로 무선 데이터 서비스 요금의 인하가 필요하다는 점을 국내 이동통신사와 공감하고, 외부 충격 이전에 행동으로 옮겼다는 증거가 된다.

또, 옴니아폰의 실시간 정보(뉴스, 날씨, 증시), SNS(모바일 인스턴트 메신저와 모바일 싸이월드) 등의 서비스를 통해 볼 때 삼성전자와 SK텔레콤이 적어도 스마트폰과 관련한 소비자의 소구 포인트를 알고 있었음을 확인할 수 있다.

그러나 삼성전자와 SK텔레콤은 모바일의 도래 속도를 잘못 계산해서 아이폰 쇼크를 겪게 되었다고 볼 수 있다. 달리 말하자면 삼성전자와 SK텔레콤이 아이폰이 들어오기 전에 스마트폰 시장을 사전 제압할 수 있는 기회를 가졌다는 표현도 가능하다. 만약 스마트폰 시장의 잠재적 수요를 제대로 읽고 아이폰 도입 이전에 스마트폰 시장 확산 드라이브를 걸면서 한국형 앱스토어를 튼튼하게 갖췄다면 아이폰 상륙 때 볼만한 대결이 펼쳐졌을 것이다.

삼성전자는 시류는 파악하고 있었다.

"모바일 인터넷 시대를 맞이하여 휴대폰 기능의 PC영역으로의 확장 추세에 따라 PC 수준의 성능과 기능을 갖춘 스마트폰이 주목받고 있다. 휴대폰의 멀티미디어와 인터넷 기능 강화로 콘텐츠 및 소프트웨어의 중요성이 높아지고 있다. 이 때문에 주요 휴대폰 업체들이 각자 독자적인 콘텐츠 및 애플리케이션 사업을 진행 중이거나 준비 중이다."(2009년 삼성전자 사업 보고서)

변화의 방향은 읽었지만, 선택과 집중의 갈림길에서 스마트폰 시장의 성장에 무게중심을 두지 않은 게 화근이 됐다. 삼성과 SK텔레콤 안팎에서는 "스마트폰 시장이 이처럼 커질 줄 몰랐다"는 말이 나왔다.

2장
위기의식과 대응 방안

아이폰만을 바라보던 소비자에게 대안으로서의 인식을 심었다는 점에서는 삼성전자의 경쟁력을 높게 평가할 수 있다. 삼성전자는 한참 벌어졌던 격차를 반년 만에 줄였다. 1등을 따라가는 데 탁월한 실력을 보여주는 삼성전자의 저력이 그대로 나타난 셈이다. 갤럭시S 판매량은 출시 10일 만에 20만 대를 돌파했다. 품귀현상 때문에 구매를 위해 예약을 해야 하는 일도 발생했다.

그러나 갤럭시S의 약진을 곧이곧대로 받아들일 수는 없다. 삼성전자와 SK텔레콤이 판매고를 높이기 위해 인위적인 정책을 강력하게 동원했기 때문이다.

01 예상치 못한 아이폰의 성공

　삼성전자와 LG전자 모두 2009년 초반까지는 스마트폰이 휴대폰 제조사의 경쟁력을 재는 척도가 될 것으로 예상하지 못했다. '주목을 받는다'는 수준으로 스마트폰의 미래 가능성을 언급했을 뿐이다.
　삼성전자는 아이폰에 앞서 대대적으로 프리미엄 휴대폰을 출시했다. 아이폰에 향했던 기대감을 누르기 위한 전략이었다. 삼성전자는 아이폰 도입 두 달 전인 2009년 9월 29일 햅틱 아몰레드의 인기를 이어갈 프리미엄폰 '아몰레드 12M'을 선보였다. 이 제품은 카메라폰 최초로 광학 3배줌을 사용했고, 화소는 1200만에 달했다.
　새 휴대폰을 출시하면서 삼성전자는 아이폰에 대해 "마니아에게는 어필하겠지만, 일반 대중에게까지 영향을 미칠 것 같지는 않다"라는 예측을 내놓았다.
　옴니아2 출시 전까지 1%에 불과했던 스마트폰 시장이 활성화될 가능성을 낮게 본 것이다. 얼리어답터와 애플 마니아를 중심으로 아이폰이 인기를 끌 수는 있겠지만, 한국 휴대폰 시장의 판도를 바꾸는 결정적인 요소가 되리라고는 보지 않았던 것이다.

삼성전자는 KT와 애플의 연합에 대비해 한 달 전 기선 제압 목적으로 옴니아2(SCH-M715)를 출시했다. 이는 1년 전 출시된 옴니아폰(SCH-490)의 업그레이드 휴대폰이다.

하드웨어 부분에서는 옴니아2가 아이폰을 압도한다는 평을 받았다. 화면은 LCD(아이폰)보다 한 단계 위인 아몰레드(능동형 유기 발광 다이오드)가 사용됐다. 카메라 기능을 좌우하는 화소도 옴니아2는 500만으로 300만인 아이폰보다 뛰어났다. 작동 속도를 결정하는 CPU(중앙처리장치)도 800MHz급으로 아이폰 3GS(624MHz급)을 앞섰다. 옴니아2는 영상통화도 가능하다. 전화기 자체의 매력으로는 옴니아2가 객관적으로 뛰어난 셈이다.

그러나 애플 앱스토어 같은 콘텐츠 제공원이 없는 데다 아이폰의 정전식에 비해 터치감이 뒤떨어지는 것이 옴니아2의 단점으로 꼽혔다. 옴니아2는 정압식이다. 정밀한 터치는 가능하지만, 터치감은 떨어졌다. 옴니아2를 우호적으로 표현한 기사에는 떨어지는 터치감을 고려해 "정확하게 터치할 수 있다"는 표현이 등장하기도 했다.

삼성전자가 SK텔레콤을 통해 10월 16일 내놓은 '옴니아2'는 아이폰 출시 전까지 휴대전화 신제품 판매 순위 1위를 달렸다. 제품 발표회에서 삼성전자 무선사업부장 신종균 부사장은 "옴니아 패밀리를 앞세워 고속 성장하는 국내외 스마트폰 시장을 적극 공략해나갈 것"이라며 "스마트폰 대중화 시대를 주도해나갈 것"이라고 말했다. 빈틈을 주지 않는 삼성전자였다. 아이폰 국내 상륙을 앞두고 기선 제압을 확실하게 하겠다는 의지를 밝힌 것이다.

　삼성전자는 이 자리에서 2010년에는 스마트폰 라인업을 2배 이상으로 늘리겠다는 계획도 발표했다. 스마트폰은 가격대가 높기 때문에 수익성을 개선하는 핵심 요소로 삼을 수 있겠다는 판단에서다. 2009년 2분기를 기준으로 애플은 520만 대의 아이폰을 팔았다. 삼성전자가 판매한 5230만 대의 9.9% 수준이다. 문제는 수익성이다. 애플의 영업이익률은 33%에 달해 업계 1위였다. 그렇지만 삼성전자의 영업이익률은 애플의 3분의 1인 10%에 불과했다.

　신제품 발표 자리에서 삼성전자는 2010년 초부터는 모든 일반 휴대전화 모델에도 무선 랜 기능을 탑재할 것(삼성전자 무선사업부 김종인 상무)이라고 밝혔다. 소비자들이 인터넷 때문에 아이폰에 끌리는 것이라면, 굳이 아이폰을 살 필요가 없이 익숙한 삼성전자 휴대폰을 사라는 얘기다.

02 급한 마음에 저가 정책

　삼성전자가 아이폰 대박의 예상 시나리오를 가지고 있었다면, 아이폰 이후 대항마를 통해 새로운 외부 충격의 크기를 줄였을 것이다. 그러나 곧바로 대적할 만한 스마트폰을 내놓지 못했다. 급한 나머지 삼성전자는 저가 정책으로 아이폰에 대적했다.

　삼성전자는 아이폰 공식 출시 이틀 전인 11월 26일 가격 인하를 발표했다. 2009년 10월 15일 옴니아2를 출시할 때 2GB 기종(M710) 92만 4000원, 8GB 기종(M715) 96만 8000원으로 가격을 책정했다. 그렇지만 SK텔레콤에서 2년 사용을 약정하고, 스마트폰 요금제인 '올인원(All in One)'에 가입하면 요금 할인과 단말기 보조금 혜택까지 합쳐 34만~70만 원까지 할인받을 수 있도록 만들었다. 월 9만 5000원짜리 스마트폰 요금제에 가입하면 옴니아2를 22만 4000원에 살 수 있게 했다.

그런데 아이폰 열풍이 일자 옴니아2의 가격을 아이폰보다도 싸게 떨어뜨렸다. 그 결과, 기본료 4만 5000원 이상의 요금제를 선택하면, 옴니아2가 아이폰의 최고가 기종인 3GS(32GB)보다 더 싸게 되었다.

문제는 한 달 만에 20만 원이나 가격이 떨어진 것이다. 가격 조정 전에 옴니아2를 구입한 사람들은 2년 약정으로 스마트폰 요금제에 가입하면, 요금제와 보조금 혜택으로 합쳐서 30만~70만 원까지 할인받아 구입할 수 있었다. 그러나 가격 조정 후의 실구매가는 0~28만 원이 된 것이다.[43]

삼성전자는 아이폰의 대항마인 옴니아 출고가를 일반폰인 '아몰레드폰' 보다 더 낮추었다. 92만 4000원이던 옴니아2(2GB)의 가격이 88만 원으로, 96만 8000원이던 옴니아2(8GB)는 92만 4000원으로 떨어졌다. 반면 아몰레드폰의 출고 가격은 2009년 7월 출시 이후 89만 9800원을 유지했다.

통상적으로 스마트폰의 값은 성능 등의 이유로 일반폰에 비해 비쌌다. 아몰레드와 옴니아2에서 보인 가격 역전 현상을 두고 삼성전

■ 〈표 12〉 옴니아2와 아몰레드폰의 성능 차이

휴대폰	옴니아2	아몰레드폰
화면	3.7인치	3.5인치
CPU	800MHz	600MHz
무선 랜	탑재	없음
배터리 용량	1500mAh	1200mAh

자가 아이폰에 대응하기 위해 휴대전화 가격 체계를 무너뜨렸다는 지적이 나왔다. 더구나 옴니아2의 성능은 아몰레드를 앞섰다(〈표 12〉 참고). 더 좋은 제품이 더 싼 가격에 팔린 셈이다.

03 삼성전자의 위기 인식

2009년 11월 말 아이폰이 한국에 들어오고, 스마트폰이 대세로 자리 잡자 삼성전자는 위기감을 느꼈고 이를 공식적으로 표현했다. 스마트폰을 향한 삼성전자의 각오에는 비장함까지 감돌았다. 우선 삼성전자는 영업 개황을 설명할 때, 스마트폰 부문을 가장 먼저 언급한다.

"현재 휴대폰 시장은 스마트폰 중심으로 성장함에 따라 애플, RIM, HTC 등 전문 업체들의 시장 영향력이 더욱 커지고 있다. 노키아, 삼성전자, LG전자, 모토로라, 소니에릭슨 등 전통적인 단말 업체의 비중은 다소 감소하는 추세이다."

이어 삼성전자는 "어떠한 시장 상황 하에서도 성장세를 이어간다"는 목표를 세웠다. 더불어 향후 지속적인 시장점유율 확대 전략을 공식적으로 천명했다.

이를 위해서 2010년 삼성전자는 기존까지 잘 팔리던 풀터치폰, 고화소 카메라폰, 음악 특화폰 등과 더불어 스마트폰 사업 확대 기반을 구축하겠다고 밝혔다.

04 갤럭시로 주목받는 삼성전자

옴니아2가 아이폰의 적수가 되지 못하자 삼성전자는 그 대안으로 갤럭시S(Galaxy S)를 선택했다.

갤럭시S는 철저히 아이폰을 겨냥했다. 삼성전자는 갤럭시S의 국내 공개 시기를 아이폰4의 공개 시점과 맞추었다. 아이폰4와 갤럭시S 간의 대결에는 승부 이상의 것이 담겨 있음을 알 수 있는 대목이다. 바로 삼성전자의 자존심이다.

한국에서 압도적 시장지배력을 가졌음에도 불구하고 삼성전자는 아이폰과의 1차전에서 완패했다. 단순히 특정 모델에서만 밀린 게 아니었다. 스마트폰에서의 열위는 삼성전자의 미래 IT 경쟁력을 의심하게 만들었다.

아이폰은 이건희 회장의 복귀를 앞당겼다. 이 회장은 복귀 일성으로 "위기에서 더 이상 머뭇거릴 시간이 없으며, 지금 삼성을 대표하는 제품들도 10년 뒤 사라질지 모른다"고 강조했다.

이건희 회장은 2010년 3월 삼성전자 회장으로 복귀하자마자 휴대폰 사업을 담당하는 무선사업부를 뒤엎고, 당장 아이폰 비슷한 제품이라도 만들어오라고 명령한 것으로 알려졌다. 이 때문에 갤럭시S에는 '이건희폰'이란 별명이 붙었다.

그리고 3개월 뒤, 갤럭시S가 한국 소비자에게 선보였다. 갤럭시S를 두고 삼성전자 무선사업부의 책임자인 신종균 사장은 "삼성전자의 20년 휴대전화 경험을 집대성해 만들었다"고 말했다. 앤디 루빈(Andrew Rubin) 구글 부사장은 "지금까지 나온 안드로이드폰 중 단연 갤럭시S가 최고"라고 칭찬했다.

05
갤럭시S를 통해 본 삼성전자의 저력과 한계

휴대폰 중 최초로 4인치 슈퍼 아몰레드 디스플레이(Super AMOLED Display)를 탑재한 화면과 1GHz의 빠른 CPU 등 하드웨어 면에서 갤럭시S는 아이폰4에 손색없는 제품이었다.

옴니아2의 결정적 패인 중 하나로 지적됐던 스크린 터치 방식을 아이폰처럼 정전식으로 바꾸었고, 애플 앱스토어에 대항하기 위해 구글 안드로이드마켓, 삼성 앱스(Apps), SK텔레콤의 티스토어 등과 연계시켰다.

그러나 '아이폰처럼' 만들었을 뿐, 갤럭시S만의 색깔은 없었다. 삼성전자만의 새로운 무언가를 만들었다기보다는 애플의 아이폰을 따라잡는 데만 급급한 인상이었다. 뒤처질 수는 없기에 아이폰에 버금가는 제품을 만들어 스마트폰 시장에서 아이폰의 독주를 막으려는 전략이 담긴 제품이었다.

아이폰만을 바라보던 소비자에게 대안으로서의 인식을 심었다는 점에서는 삼성전자의 경쟁력을 높게 평가할 수 있다. 삼성전자는 한참 벌어졌던 격차를 반년 만에 줄였다. 1등을 따라가는 데 탁월한 실력을 보여주는 삼성전자의 저력이 그대로 나타난 셈이다. 갤럭시S 판매량은 출시 10일 만에 20만 대를 돌파했다. 품귀현상 때문에 구매를 위해 예약을 해야 하는 일도 발생했다.

그러나 갤럭시S의 약진을 곧이곧대로 받아들일 수는 없다. 삼성전자와 SK텔레콤이 판매고를 높이기 위해 인위적인 정책을 강력하게 동원했기 때문이다.

삼성전자는 임원만 사용하던 '모바일 오피스'를 확대하며 8만 8000명에 달하는 전 직원에 갤럭시S를 무상으로 제공하는 등 법인을 대상으로 갤럭시S를 대대적으로 풀었다.[44] 이는 소비자 선택의 결과로 볼 수 없다. 이보다는 갤럭시S 판매를 위해 삼성전자와 해당 기업 간의 정치적인 관계를 이용했다고 볼 수 있다.

SK텔레콤도 '다른 스마트폰을 소홀히 한다'는 지적을 받을 정도로 갤럭시S에 올인했다.

아이폰과 갤럭시S 간의 경쟁 속에서 존재감을 보이기 위해 노력하는 LG전자의 옵티머스(Optimus Q)도 출시 2주 만에 3만 5000대가 팔렸다. LG그룹의 정보통신 계열사(LG전자, LG디스플레이, LG U+)들도 삼성과 마찬가지로 일부 직원에게 통신비와 함께 옵티머스Q를 무상으로 지급했다.

갤럭시S의 역할은 아이폰4 발표와 한국 출시 시점의 차이로 생기는 한 달간의 틈을 파고들어 스마트폰 시장 내에서 삼성전자의 지배력을 늘리는 것이었다.

이는 아이폰4와 갤럭시S의 사양 비교를 통해 확인할 수 있다. 하드웨어 부문에서는 최고를 자랑하는 삼성전자다. 그런데 갤럭시S의 외부 사양은 아이폰4에 못 미친다. 아이폰 3GS보다는 조금 나은 휴대폰으로 보는 게 맞다. 다시 말하면, 갤럭시S는 아이폰 3GS보다 하드웨어 면에서 조금 더 나은 아이폰에 불과한 것이다.

갤럭시S가 모방품이라는 굴레를 벗어날 수 없는 점도 아쉬운 대목이다. 삼성전자는 스마트폰이라는 새로운 장르가 열렸음에도 트렌드를 이끌 수 있는 새로운 형태의 스마트폰을 만들지 못했다. 단지 아이폰이 정형화해놓은 스마트폰을 만들었다. 갤럭시S의 애플리케이션 배치 등 각종 사용자환경은 아이폰을 따라한 삼성전자의 미투(me too) 전략을 간명하게 보여준다.

영국의 경제신문 〈파이낸셜 타임즈(FT)〉는 이 같은 측면을 두고, "삼성전자가 미투 전략을 쓰는 수동적 기업"이라고 비판하기도 했다.[45]

〈파이낸셜 타임즈〉 칼럼은 "삼성전자가 혁신보다는 스피드에 치중한 사업 전략을 펼치고 있는데, 5년 전만 해도 58%에 이르던 영업 및 마케팅 대비 연구개발 투자가 현재는 48%로 떨어졌다"고 언급한 뒤, "결과적으로 삼성전자는 혁신가로 행동하는 것이 아니라 시장 변화에 단순히 반응하는 '미투' 속성을 갖고 있어 소비자의 마음을 사로잡지 못한다"고 비판했다. 또 애플과 삼성전자를 비교하며, FT는 "애플은 같은 기간 연구개발 투자 비율을 높였다"며 "애플의 시가총액이 삼성전자에 비해 2.5배 높다. 시가총액의 차이는 바로 혁신과 모방의 차이"라고 꼬집었다.

06
삼성전자의 스마트폰 포지셔닝 전략

 삼성전자는 2009년 1분기 사업보고서를 통해, "14년 연속 국내 시장점유율 1위를 유지하고 있다"고 강조했다. 1위의 배경은 확고한 브랜드 위상, 차별화된 제품과 서비스라고 자평했다. 1위 수성에 대한 강박증은 LG전자에 비해 삼성전자가 글로벌 트렌드에 민감할 수 있는 동력이 되었다.

독자적 OS전략
 아이폰 이후, 삼성전자는 스마트폰을 중심으로 휴대폰 전략을 수정했다. 이는 휴대폰 시장에서의 스마트폰 포지셔닝 전략이 고스란히 반영된 결과다. 특히 OS는 스마트폰의 두뇌에 해당한다. 이 두뇌의 기술력 여부는 시장 내 위상을 결정하는 결정적 요소가 될 수도 있다. 원천 기술력 확보 기업에 끌려가느냐, 아니면 기술력을 확보해 시장을 이끄느냐의 차이를 만들 수도 있기 때문이다.

아이폰 쇼크 이후 처음 맞은 모바일월드콩그레스에서 삼성전자는 스마트폰 전략을 내놓았다. 이호수 삼성전자 부사장(미디어솔루션센터장)은 "삼성은 그동안 제조 · 하드웨어 중심이었지만 앞으로는 소프트웨어와 콘텐츠에서 차별화가 이뤄질 것"이라며 "바다(Bada)[46]의 발전이 한국 소프트웨어의 발전에 중요한 역할을 할 것"이라고 말했다.

스마트폰 OS에는 애플의 iOS와 구글 안드로이드 OS가 양강 구도를 형성하고 있다. 단말기를 중심으로 한 스마트폰 운영체제 점유율 면에서 iOS와 안드로이드는 노키아에 밀린다(〈그림 23〉 참고). 그러나 실제 소비자의 사용량을 기준으로 한 분석에서 두 OS는 타사를 압도한다(〈그림 24〉 참고).

■ 〈그림 23〉 스마트폰 운영체제 시장점유율

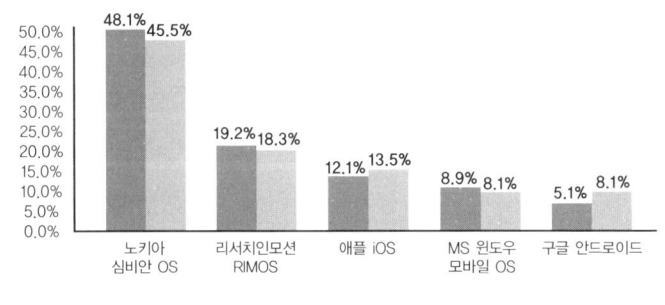

※ 자료: 가트너(Gartner), 2010년은 추정치

■ 〈그림 24〉 웹트래픽 기준으로 본 스마트폰 운영체제의 시장점유율

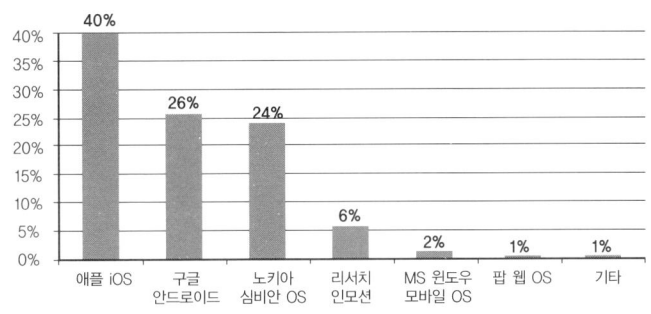

※ 주: 웹트래픽은 실제 사용량을 의미
※ 자료: 애드몹(AdMob)의 휴대폰 메트릭스 리포트(2010년 5월)

　삼성전자는 스마트폰 단말기뿐만 아니라 관련 OS 등 전 범위에 걸쳐 스마트폰 선두 업체와 경쟁하겠다고 방침을 정했다. OS에서의 시장 위상 없이, 단말기 시장만 1위가 되는 것은 반쪽짜리 승리라고 판단한 것이다. 또 여기에는 삼성전자는 단말기뿐만 아니라 OS 부문에서도 글로벌 업체를 따라잡을 수 있다는 자신감이 반영되어 있다. 삼성전자는 2008년부터 모바일솔루션센터(Mobile Solution Center: MSC)를 통해 소프트웨어 부문을 강화해왔다. MSC는 자체 플랫폼, 애플리케이션 스토어 등의 개발을 위해 마련된 부서다. MSC의 2년간의 노력과 경험을 토대로 스마트폰 시장에서 자체 OS를 통한 경쟁도 가능하리라 판단한 것이다.

4부
LG
– 안일한 발상과 뒤늦은 대응

1장

더 좋은 휴대폰에 대한 개념 차이

스마트폰이 기존 휴대폰과 차별화된 제품이 아니라, 더 좋은 기능이 담긴 일반폰이라고 생각한 것이다. LG전자는 "소비자 직관(Consumer Insight)에 기반을 두고 사용자 경험(User Experience)을 제고할 수 있는 상품 기획 및 연구개발 역량에 집중한다"며 소비자 수요를 중시했다. 스마트폰은 전략적 제휴를 통해 기반만 마련하는 정도로 생각했다. 2009년 1분기 보고서에서 LG전자가 스마트폰 전략으로 발표한 내용은 고작 '마이크로소프트와의 전략적 제휴'가 전부였다. 스마트폰은 첨단 제품으로서 향후 미래의 시장 변화를 위해 기반 정도만 갖춰야 하는 부문으로 여겼던 것이다. LG전자의 이러한 태도는 아이폰 이후 휴대폰 시장 2위 자리를 위협받는 계기가 되었다.

01

스마트폰 이전의 황금기에 젖다

"제2의 초콜릿폰." LG전자의 기대작을 언급할 때 흔히 쓰는 표현이다. LG전자는 자사의 스마트폰인 옵티머스가 아이폰과 갤럭시 못지않은 히트를 낼 것이라고 강조할 때도 "제2의 초콜릿폰 열풍을 가져올 것"이라고 홍보했다.

초콜릿폰[47]이 등장하던 2005년 휴대폰 시장은 기술 전쟁이 한창이었다. "누가 더 많은 기능을 휴대폰에 집어넣느냐?"가 차별화 포인트였다. 그래서 업체들은 본질적인 통화 기능 이외의 기능에 집중했다. 휴대폰에 붙은 카메라 화소와 MP3 플레이어 기능의 음질에 따라 휴대폰의 좋고 나쁨이 결정됐다.

기술 중심 시대에 디자인은 그렇게 중요시되지 않았다. 휴대폰은 투박했다. 그러나 초콜릿폰은 달랐다. 초콜릿을 연상하게 하는 표면에 붉은 빛이 도는 방향키를 가진 이 휴대폰은 기계라기보다는 액세서리처럼 보였다.

2005년 11월 22일, 첫눈이 올 때쯤 출시된 초콜릿폰은 젊은 감성을 녹였다. "눈 뜨자마자, 스타가 됐다"는 말처럼, 초콜릿폰은 출시와 동시에 날개 돋친 듯 팔렸다. 출시 3주 만에 KTF용 초콜릿폰은 하루 실개통수가 1000대를 넘어섰다. 당시 하루에 판매되는 KTF 휴대폰 10대 중 1대가 초콜릿폰이었다. 2005년 LG전자의 다른 히트상품도 초콜릿폰에는 비할 바가 못 됐다. 상반기 히트작인 '어머나폰'과 '스포츠카폰'은 하루 실개통수 1000대를 넘는 데 약 30~50일이 걸렸다.

초콜릿폰은 LG전자 제품 중 최초로 1000만 대 이상[48] 팔리는 텐밀리언셀러가 됐다. 출시 1년 6개월 만의 일이다. 초콜릿폰은 2008년 2분기까지 생산되었는데, 총 1850만 대가 팔렸다. 초콜릿폰은 투박함, 2등 이미지, 삼성에 비해 촌스럽게 인식되던 LG전자의 이미지를 단숨에 날려버렸다.

소비자에게뿐만 아니라 산업디자인 측면에서도 '초콜릿폰'은 높은 평가를 받았다. 산업자원부가 주최하고 한국디자인진흥원(KIDP)이 주관하는 '2005 우수 산업 디자인 상품 선정제'에서 최고 영예인 대통령상을 수상하는 등 권위 있는 디자인 상을 휩쓸었다.

기능보다 디자인을 앞세운 초콜릿폰에는 군더더기가 없었다. 2인치의 LCD, 130만 화소 CMOS 카메라, 평범한 64화음의 벨소리. 512메가바이트의 대용량 메모리를 장착한 것이 낯설게 느껴질 정도였다.

깔끔한 디자인에 간소한 기능, 이것은 아이폰과 닮았다. 아이폰도 편리한 사용자 환경을 제외하면 이렇다 할 기능이 없다. 사용자 스스로 시간을 들여 자신에게 맞는 애플리케이션을 설치하는 DIY(Do It Yourself)제품이나 다름없을 정도로 디자인을 우선시했다. 초콜릿폰이나 아이폰의 성공을 보면 소비자들은 휴대폰에 주렁주렁 달린 기능을 달갑지 않게 여겼을 수도 있다는 생각이 든다.

초콜릿폰은 셰퍼드와 같은 기능 중심 시대에 동떨어진 푸들 같은 제품이었다. 초콜릿폰은 디자인만으로 기능의 부재를 잊게 했다. 터치패드로 인해 발생하는 오작동과 통화할 때마다 생기는 지문과 기름자국은 초콜릿을 갖고 있다는 사실 자체로 희석됐다.

공교롭게도 당시는 삼성전자가 "애니콜은 트럭에 깔려도 통화가 된다"는 해외토픽을 국내에 소개하며 자랑하고 있을 때였다. LG전자는 이와 반대인 연약함으로 소비자의 감성에 어필했다. 당시 LG전자 MC사업본부 박문화(朴文和) 사장은 "초콜릿폰은 고객들이 원하는 감성에 충실하기 위해 디자인이 중심이 돼 탄생한 제품으로 자신만의 스타일을 중요시하는 젊은 층으로부터 큰 인기를 모았다"고 설명했다. 디자인의 매력에다, 당시 최고의 인기 배우인 김태희와 다니엘 헤니가 연인으로 나오는 광고는 초콜릿폰의 감성 매력도를 하늘 높은 줄 모르고 올려놨다.

초콜릿폰은 해외에서도 인기를 끌었다. 미국에서 약 300만 대, 남미에서 약 500만 대가 팔렸다. 한국과 더불어 현지 업체의 시장 지배력이 강한 일본에서도 인기를 얻었고, 중동과 아프리카 등에서도 히트했다.

초콜릿폰은 기술 중심의 시대에 나타난 역발상의 작품이다. 첫 출발점은 2004년이었다. LG전자 싸이언사업부는 김진 MC디자인 연구소장을 주축으로 새 휴대폰의 기틀을 잡았다. 새 모델은 기능이 아니라, 디자인을 중심으로 방향을 정했다. 디자인 경영의 산물인 셈이다. 이 전략은 당시 대기업을 중심으로 유행한 사조였다. 전략도 유행처럼 시시때때로 바뀌는 한국 기업의 특성상, 디자인 경영은 말로만 그치는 경우가 많았다.

예쁘게는 만들어야 하지만, 그것이 기술적으로 어려우면 '예쁜' 디자인은 사치로 몰려 폐기되기 일쑤였다. 초콜릿폰은 예외의 길을 갔다. 디자인과 감성에 모든 가치를 두고 다른 외적인 부분은 무시하면서 형태를 갖추어갔다. 24핀 표준 단자의 탑재가 어렵게 되자 20핀 단자를 사용하고 대신 어댑터를 달게 했다. 디자인팀은, 고광택 표면과 터치폰 방식이 휴대폰 사용 습관상 불편을 초래할 것이라는 반대 의견에도 불구하고 이것을 그대로 밀어붙였다.

초콜릿폰이라는 이름도 다소 의외였다. 첨단의 느낌에만 집중하던 휴대폰에는 어울리지 않는 낯선 이름이었기 때문이다. 그러나 결과적으로 전혀 어울리지 않는 브랜드명은 가장 확실한 소구 포인트가 됐다.

초콜릿폰 덕분에 LG전자는 감각적이라는 포지셔닝을 얻었다. 이는 LG전자의 브랜드 이미지 제고로 이어졌다. 초콜릿폰의 성공으로 휴대폰 사업뿐만이 아니라 LG전자 전체, 그리고 나아가 LG그룹 차원에서까지 자신감을 회복하고 기업 비전과 기업 문화를 새롭게 하는 계기가 마련됐다는 평가까지 나왔다. 초콜릿폰 효과는 단순한 매출 및 수익 증대 이상이었던 셈이다.

실적은 두말할 나위가 없었다. 판매 기간 중 LG전자의 휴대폰 매출액을 20% 성장시켰다. 출시 초기에 실판매가 기준으로 최고 500달러를 넘었는데, 2년 가까이 판매되면서도 200~300달러 가격대를 유지하면서 수익률도 대폭 올렸다. 초콜릿폰 덕에 영업이익률은 1.3%에서 8.1%까지 뛰었다.

기업가치의 척도인 주가에도 새로운 전기가 마련됐다. 2005년 말 LG전자의 주가가 8만 원 대의 벽을 넘는 데 초콜릿폰은 중요한 도약대 구실을 했다.

대스타가 탄생하면 그 매니저도 주목을 받기 마련이다. '초콜릿폰'은 LG전자 휴대폰사업을 이끌어가는 대표적인 스타 임원들을 배출해내는 산파역을 했다.

당시 단말연구소장으로 '초콜릿폰' 개발을 총괄했던 안승권 부사장은 MC사업본부장으로 승진했다. 당시 책임연구원이던 차강희 상무는 '초콜릿폰' 디자인 개발로 MC디자인연구소장으로 영전했다.

초콜릿폰의 성공을 기반으로 출시한 샤인폰, 뷰티폰도 모두 밀리언셀러에 오르면서 LG전자 휴대폰은 전성기를 맞았다.

02

LG에게 스마트폰은
더 좋은 일반폰일 뿐

초콜릿폰의 성공에 LG전자는 지나치게 도취됐다. 초콜릿폰이 전성기를 구가할 때 지구 반대편에서는 스마트폰의 싹이 트고 있었다. 그러나 LG전자는 이를 대수롭지 않게 여겼다. 초콜릿폰으로 시대의 감성을 장악했다는 자신감 때문이다. 역설적으로 초콜릿폰은 스마트폰 전쟁에서 LG전자가 밀리게 된 결정적인 역할을 한 셈이다.[49]

LG전자는 스마트폰 대처에 다급해하지 않았다. LG전자는 내부적으로 삼성전자보다 스마트폰에 대한 오판이 더 심했다. 앞서 확인할 수 있듯이 삼성전자가 2007년부터 스마트폰의 존재에 대한 고민을 해온 데 반해, LG전자는 2009년에서야 스마트폰의 중요성을 깨닫는 모습이었다. 다음은 한 언론에 나온 LG전자 휴대폰 사업부문 고위 관계자의 2008년 발언이다.

"스마트폰의 명확한 개념은 없다. 반드시 윈도우 모바일(window

mobile) 등 상용 운영체제를 장착한 제품만이 아니라 소비자가 필요로 하는 기능을 제공하는 똑똑한 폰이 스마트폰이다."

스마트폰이 기존 휴대폰과 차별화된 제품이 아니라, 더 좋은 기능이 담긴 일반폰이라고 생각한 것이다. LG전자는 "소비자 직관(Consumer Insight)에 기반을 두고 사용자 경험(User Experience)을 제고할 수 있는 상품 기획 및 연구개발 역량에 집중한다"며 소비자 수요를 중시했다. 스마트폰은 전략적 제휴를 통해 기반만 마련하는 정도로 생각했다. 2009년 1분기 보고서에서 LG전자가 스마트폰 전략으로 발표한 내용은 고작 '마이크로소프트와의 전략적 제휴'가 전부였다. 스마트폰은 첨단 제품으로서 향후 미래의 시장 변화를 위해 기반 정도만 갖춰야 하는 부문으로 여겼던 것이다. LG전자의 이러한 태도는 아이폰 이후 휴대폰 시장 2위 자리를 위협받는 계기가 되었다.

국내 휴대폰 업계 3위인 팬택은 2008년 가을부터 스마트폰 개발에 착수했다. 박병엽 팬택 부회장은 "해외에서 몰아치는 애플 아이폰의 거센 바람이 곧 국내에도 상륙할 것이라는 확신이 생겼다"고 말했다. 스마트폰 개발은 당시 워크아웃(workout) 중이던 팬택의 명운을 건 프로젝트였다. 프로젝트명 'EF-10'의 또 다른 이름은 '드림 프로젝트'였다. 팬택 중앙연구소의 연구원 인력 1300명 중 20%가 드림 프로젝트에 매달렸다. 그러나 팬택의 첫 스마트폰인 시리우스(Sirius)는 아이폰보다 6개월 늦은 2010년 4월에 출시됐다. OS로 택한 안드로이드의 잦은 업그레이드로 인해 연구와 테스트 기간이 길어졌기 때문이다.

03
때늦은 스마트폰 중요성 인식

 LG전자는 2009년 1분기부터 스마트폰에 관심을 보였다. 2009년 1분기 보고서에서 회사의 경쟁 우위 요소를 설명하는 대목에 "마이크로소프트와의 전략적 제휴를 통한 스마트폰 등으로 제품 리더십(Product Leadership)을 강화하고 있다"고 기술했다. 2010년 1분기 보고서는 "선진 시장은 스마트폰 중심의 교체 수요가 증가하고 있다"며 업황 분석 처음으로 스마트폰을 반영했다.
 삼성전자가 공식적으로 2008년 3월 스마트폰 시장에 대한 고민을 밝혔다면, LG전자는 1년 늦게 반응을 보인 것이다.
 당시 여론의 흐름을 볼 때 LG전자의 전략은 사회 분위기에도 후행한 것이었다. 스마트폰이 한국인의 관심으로 들어온 때는 2008년 초부터다. 시발점은 44대 미국 대통령 선거를 앞두고 민주당 경선에 참여한 오바마 후보와 힐러리 후보의 필수품으로 스마트폰인 리서치인모션의 블랙베리가 국내 언론에 소개되면서부터였다. 당시 "힐러리는 24시간 '블랙베리'를 쥐고 있다" "오바마는 유세 전용 비행기에서 내려 차에 타자마자 블랙베리를 꺼내 시카고의 선거 참모들이 보낸 이메일을 확인한다" 등 유명인사와 관련된 국제 뉴스가 국내 언론을 통해 소개되면서 '스마트폰이 뭐길래?'라는 궁금증이 커갔다. 여기에 2008년 9월 애플에 이어 IT 업계의 떠오르는 강자인 구글의 스마트폰 사업 진출 소식까지 전해지면서 '대세가 스마트폰으로 흐르는 것 아닌가' 라는 고민도 하게 되었다.

2010년 스마트폰 라인업 부재와 삼성전자에 비해 열등하다고 판단되는 LG전자의 스마트폰 경쟁력은 시장의 흐름을 파악하지 못한 전략의 실패작으로 볼 수 있다.

04

엉뚱한 대응

　LG전자는 아이폰 출시에 선제적으로 대응하기 위한 전략을 선택했다. 그런데 그 방법은 엉뚱하게도 프리미엄 휴대폰을 통해 아이폰의 기대치를 억누르겠다는 것이었다. 아이폰 도입 두 달 전인 2009년 9월 29일에 LG전자는 뉴초콜릿폰을 내놓았다. 이 제품은 2005년 출시된 후 전 세계적으로 2100만 대 이상이 팔린 초콜릿폰의 후속인데, 기존 16 대 9 비율의 풀터치폰과 차별화되는 21 대 9 스크린을 썼다. 여기에 돌비(Dolby) 모바일 사운드 시스템이 더해져 영화관 못지않은 생생함을 재현한다는 게 LG전자의 설명이었다. 광고 모델도 화려했다. 당대 최고 인기 걸 그룹 '소녀시대'와 새로 뜨는 'f(x)'가 광고에 등장했다.
　새 휴대폰을 출시하면서 LG전자 관계자는 아이폰에 대해 "아이폰의 수요는 국내 휴대폰 전체 시장으로 봤을 때는 한정적이기에 휴대폰 시장에 큰 영향을 미치지는 않을 것"이라는 예측을 내놓았다.

그러나 정작 2009년 11월 말 아이폰이 한국에 들어오고, 스마트폰이 대세로 자리 잡자 초조감을 드러냈다. LG전자는 2010년 1분기 보고서에 "스마트폰 부문에서도 기존의 위상을 회복하겠다"는 문구를 집어넣었다. "기존 휴대폰 사업 역량을 기반으로 스마트폰 사업의 제품 경쟁력을 강화해 'Product Leadership'을 지속해가겠다"고 밝혔다. 그러나 그 대응은 한참 늦은 것이었다.

2장

잘못된 포지셔닝 전략

아이폰 출시 후, '애플-삼성' 구도 속에서 힘을 잃어가던 LG는 도약을 위해 안간힘을 썼다. 스마트폰인 아레나폰 출시를 준비하고, 세계 최초로 투명 키패드와 터치폰을 접목한 터치 슬라이폰인 '크리스탈폰'을 출시했다. 그러나 아이폰을 중심으로 결집된 스마트폰의 열기를 꺾기에는 역부족이었다. 2010년 6월 애플의 아이폰4와 삼성의 갤럭시S의 대항마로 내놓은 옵티머스Q도 아이폰4와 갤럭시S 간 전쟁 속에 제대로 힘을 발휘하지 못했다.

01
스마트폰 대비가 절대 부족했던 LG전자

아이폰 이후, 한국 휴대폰 시장의 관심사는 오로지 스마트폰뿐이었다. 주목받는 기업은 애플 그리고 삼성이었다. 국내 기업 중 2위인 LG전자는 논외로 치부됐다.

그 원인은 간단하다. LG전자는 삼성전자에 비해서도 스마트폰의 준비가 덜 되어 있었다.

LG전자는 2007년 KS20, 2008년 KT610과 SU200(모델명 INCITE) 등 2009년 상반기까지 총 3종의 스마트폰을 선보였다. 삼성전자는 같은 기간 옴니아를 포함해 6종을 출시했다.

출시 제품 수뿐만 아니라, 판매량에서도 삼성과 LG는 현격한 차이를 보였다. LG전자의 간판 스마트폰인 '인사이트'의 국내 판매량은 2009년 3월 출시 후 9000대 수준에 그쳤다. 미국 시장에서도 2009년 7월까지 약 20만 대를 팔았을 뿐이다.

2008년 11월 선보인 삼성전자의 스마트폰 옴니아는 2009년 6월까지 14만 대의 판매고를 기록했다. 통신업계에서는 "국내 시장은 삼성 옴니아의 시장이라 할 수 있다"며 "LG전자 제품에 대한 소비자의 반응이 냉담한 것은 초기 시장에 소극적으로 대응, 기선을 잡지 못했기 때문"이라고 평가했다.

더 큰 문제는 주력인 일반폰에서도 LG전자의 위상이 약해졌다는 것이다. 2009년 상반기는 쿠키폰(cooky)과 롤리팝폰(lollipop)이 히트를 쳤지만, 하반기 전략폰인 아레나(Arena)와 뉴초콜릿폰의 성적은 시원찮았다.

뉴초콜릿폰은 공급된 10만 5000대 중 4만여 대만 팔렸다. 시판되던 2009년 10월은 휴대폰 판매가 한창 하락세를 보이던 때인 데다가 풀터치폰인 햅틱 아몰레드폰에 밀리기까지 했다.

LG전자 휴대폰의 국내 시장점유율은 2009년 6월 33.2%를 찍은 후 내리막을 탔고, 10월에는 22.5%까지 떨어졌다. 반면, 삼성전자의 10월 점유율은 7개월 연속 상승한 끝에 56%까지 올랐다. 3위의 팬택도 15% 안팎의 점유율을 보이며 LG전자를 바짝 뒤쫓았다.

LG전자 휴대폰 사업부 입장으로서는 안팎으로 위기에 봉착한 것이다. LG전자는 2009년 11월 부랴부랴 스마트폰 전담 부서를 만들었다. 11월 1일자로 휴대폰 사업본부 내 스마트폰 사업부를 신설한 것이다. 휴대폰 사업본부의 안승권 사장에 이어 '넘버 2'로 불리는 이정준 부사장이 사업부장을 맡았다.

11월 초에는 서울 구로구 가산동에 있는 MC연구소의 스마트폰

연구개발 인력을 재배치했다. MC연구소의 여러 조직에서 분산해서 진행하던 스마트폰 개발을 'SP개발실' 한곳으로 통합했다.

LG전자 고위 관계자는 "스마트폰 사업을 MC본부의 핵심 과제로 인식한다"며 "스마트폰 사업의 실행력 확보를 위해 전담 조직 설치 등 MC사업부의 대대적인 수술이 불가피한 것으로 판단했다"고 그 배경을 설명했다.

정도현 LG전자 최고재무책임자는 10월 21일 3분기 실적 발표 후 "내년 신제품 출시를 위한 재고 정리와 스마트폰에 대한 연구개발을 대폭 강화할 것"이라며 "4분기 이익이 3분기에 비해 크게 줄어들 수 있다"고 밝혔다. 신설 사업부를 중심으로 LG전자는 2010년 20여 종 이상의 스마트폰을 내놓을 계획이라고 설명했다.

그러나 LG전자를 보는 주변의 시선은 싸늘했다. LG전자 휴대폰 부문은 트렌드의 변화를 선도하기보다는 항상 후발주자의 입장이었기 때문이다. 시장 트렌드 급변에 따라 수익이 급감했다가 뒤늦게 시대에 맞는 휴대폰을 만들어 수익을 회복하는 모습을 보여왔다 (〈그림 25〉 참고). 업계에서는 LG전자가 스마트폰에서도 같은 모습을 반복해서 보일 것이라고 판단했다.

LG가 2009년에 세계 시장에서 10%의 점유율을 달성한 것은 실속 없는 결과라는 혹평도 나왔다. 증권가에서는 "LG전자가 저가 제품에 재미를 붙이다 보니 정작 스마트폰 등 앞선 트렌드에 대한 대처는 미흡했다"며 "스마트폰에서 더 뒤떨어지면 경쟁사를 따라잡기 어려울 것"이라는 평가도 나왔다.

■ <그림 25> 트렌드를 선도하기보다 뒤쫓았던 LG전자 휴대폰

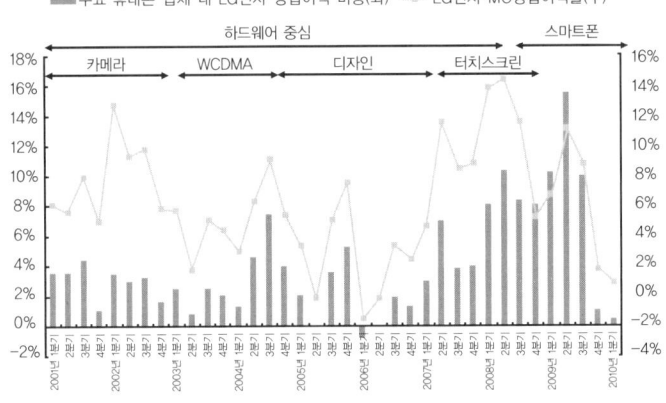

※ 주: 주요 휴대폰 업체 내 LG전자 영업이익 비중=(LG전자 영업이익)/(삼성전자, LG전자, 노키아, 소니에릭슨, 애플, RIM, HTC의 영업이익 합계)
※ 자료: 스트래티지 애널리스틱스, 한국투자증권 리서치센터

■ <그림 26> LG전자 휴대폰 사업부의 분기별 영업이익과 이익률 추이

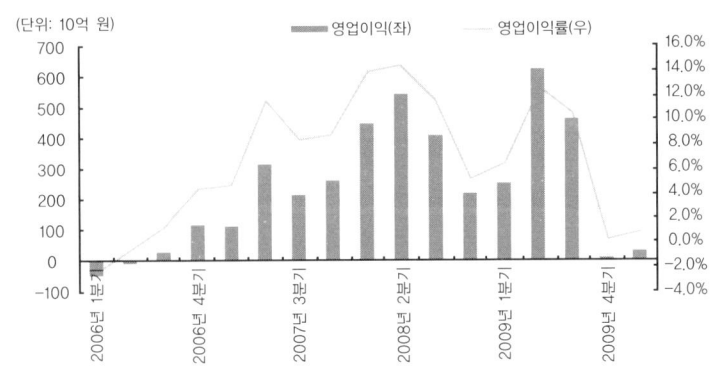

※ 자료: LG전자, 한국투자증권 리서치센터

스마트폰 부문에서는 이렇다 할 제품도 없고, 일반폰에서도 인기가 떨어진 2009년 4분기 이후 LG전자 휴대폰 부문의 실적은 추락했다. 영업이익은 2009년 3분기 4600억 원에서 4분기에는 90억 원으로 급감했다. 2010년 1분기도 280억 원에 불과했다. 3분기 10.5%에 달했던 영업이익률은 2009년 4분기와 2010년 1분기에는 각각 0.2%와 0.9%에 그쳤다(〈그림 26〉 참고).

02
LG전자 주가 굴욕
- 목표 주가 반토막, 신저가

아이폰 열풍과 함께 증시에는 스마트주㈜라는 새로운 테마[50]가 형성됐다. 스마트폰의 부품을 만드는 업체나 관련 콘텐츠를 공급하는 기업에 투자자들의 관심이 쏠렸다. 이들의 기업의 주가는 급등했다.

그러나 LG전자의 주가는 이와 반대로 하향세로 접어들었다. 애널리스트들은 "스마트폰 대응이 부족했다"며 혹평을 쏟아놓았다. 대표적인 예가 목표 주가 반토막 사건이다.

KB투자증권의 조성은 애널리스트는 2009년 12월 1일 LG전자의 목표 주가(Target Price)를 19만 4000원에서 10만 1000원으로 하향 조정했다. 무려 47.9%나 낮춘 것이다. 2010년에 내놓을 이렇다 할 스마트폰도 없고, 고가폰 시장에서의 부진도 예상을 웃돌기 때문이라는 게 하향 조정의 이유였다. 직전 거래일인 11월 30일 LG전자의 종가는 10만 3000원이었다.

목표 주가란 애널리스트가 해당 종목에 대해 "주가가 이 정도까지는 오를 수 있다"며 투자자에게 기준선을 제시하는 것이다. 목표 주가를 절반 가까이 낮췄다는 애기는 해당 기업의 가치가 자신이 이전에 생각했던 것보다 절반 수준으로 떨어졌다는 말로도 해석될 수 있다.

목표 주가를 이처럼 후려치는 일은 한국에서는 매우 드물다. 한국 증권가에서 애널리스트들이 기업에 부정적인 의견을 내는 경우는 좀처럼 찾아보기 힘들다. 2008년 미국발 금융 위기 후 주가 폭락이 이어진 9~11월간 매도 의견을 낸 애널리스트는 한 명도 없었다. 매도 의견이 나오면 그 자체가 뉴스가 될 정도다. 이는 애널리스트의 독립성이 보장받지 못해서다. 증권사는 기업에게 투자 자금을 유치해야 하는 법인 영업을 하고 있다. 이때 증권사가 '을'이고, 기업이 '갑'인 수직적 관계가 형성된다. 증권사 소속 조직인 리서치 센터가 고객인 기업의 비위를 상하게 하면, 영업부서에서는 문제를 제기한다. 또, 기업은 자신들에게 비우호적인 보고서를 쓰는 애널리스트들에게 '방문 금지'나 '자료 제공 거부' 등의 조치를 취함으로써 추가적인 보고서가 나오는 것을 원천적으로 막는다. 이렇게 되면 애널리스트는 해당 기업 분석 자체를 못하게 된다. 기업의 이러한 처사는 애널리스트에게는 직업의 안정성까지 흔드는 위협이 된다.

2009년 이후 새롭게 리서치 센터장(Head)에 오른 애널리스트들이

"매도 의견을 과감히 내겠다"며 기존 문화를 바꿔보겠다는 의지를 보였지만 큰 변화는 없었다. 이를 두고 2010년 상반기까지 대형 증권사 리서치 센터장을 역임한 한 증권맨은 "CEO들이 영업맨 출신이다 보니 기업 고객 확대를 통한 실적 개선에만 매달릴 뿐 리서치 센터의 독립성에는 신경을 쓰지 않는다"고 말했다.

이처럼 기업에 우호적인 증권가 분위기 속에서도 LG전자는 혹평을 받은 것이다. LG전자의 주가는 아이폰 출시 전후로 전혀 다른 모습을 보였다. 2009년 초부터 9월까지의 주가 흐름은 삼성전자와 소속 시장인 코스피(KOSPI)를 웃돌았다. 그러나 아이폰 도입 분위기가 서서히 무르익은 2009년 가을부터 주가가 꺾이기 시작했다(〈그림 27〉〈그림 28〉 참고).

■ 〈그림 27〉 아이폰 출시 전, 삼성전자와 LG전자의 주가 그리고 코스피 추이

※ 주: 2009년 1월 5일 주가=100으로 가정

■ 〈그림 28〉 아이폰 출시 후, 삼성전자와 LG전자의 주가 그리고 코스피 추이

※ 주: 2009년 1월 5일 주가=100으로 가정

아이폰 출시 직후 LG전자 주가는 상대적으로 안정세를 유지하는 삼성전자에 비해 심하게 출렁거렸다. 스마트폰 경쟁력 부재로 변하는 IT 시대를 따라갈 수 없다는 부정론과 가전 등 다른 주력 부분의 경쟁력이 스마트폰 부문의 약점을 어느 정도 보완할 수 있다는 긍정론이 맞섰기 때문이다. 그러나 스마트폰 전쟁에서 밀리고 유럽발 위기로 가전 부문의 실적 악화가 겹치면서 LG전자의 주가는 2010년 6월 10일 52주 신저가(9만 67000원)[51] 수모를 겪었다. 그러나 이것으로 끝이 아니었다. 주가는 이후 9만 원선이 위태로울 정도로 더 떨어졌다(〈그림 29〉 참고).

아이폰 출시 후, '애플–삼성' 구도 속에서 힘을 잃어가던 LG는

■ 〈그림 29〉 LG전자의 일별 주가 추이 (단위: 원)

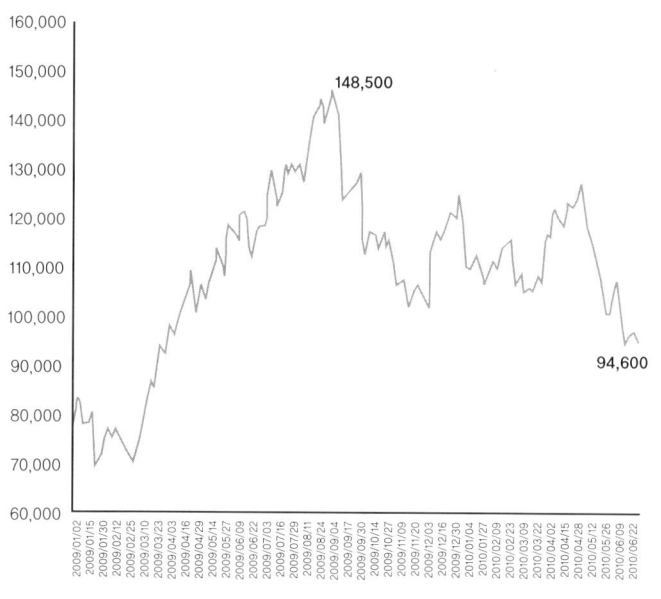

도약을 위해 안간힘을 썼다. 스마트폰인 아레나폰 출시를 준비하고, 세계 최초로 투명 키패드와 터치폰을 접목한 터치 슬라이폰인 '크리스탈폰'을 출시했다. 그러나 아이폰을 중심으로 결집된 스마트폰의 열기를 꺾기에는 역부족이었다. 2010년 6월 애플의 아이폰4와 삼성의 갤럭시S의 대항마로 내놓은 옵티머스Q도 아이폰4와 갤럭시S 간 전쟁 속에 제대로 힘을 발휘하지 못했다.

　삼성전자는 2009년 1분기 사업 보고서를 통해, "14년 연속 국내 시장점유율 1위를 유지하고 있다"고 강조했다. 1위의 배경은 확고한 브랜드 위상, 차별화된 제품과 서비스라고 자평했다.

반면 LG전자는 국내 2위로서의 위상을 'Product Leadership'이라는 말로 표현했다. 회사의 경쟁 우위 요소를 설명하면서 당시 이슈에 대한 보강 방안으로 'Product Leadership'의 강화를 지속할 것이라고 강조했다.

'1위'와 '리더십'의 차이는 곧 시장을 대하는 두 기업의 태도 차이로 나타났다. 삼성전자는 1위로서의 위상을 굳히기 위해 항상 다른 기업과의 차별화를 강조했다. 이는 강박관념으로까지 보이기도 했다. 애플의 아이폰에 밀린 후 "어떠한 시장 상황 하에서도 성장세를 이어간다는 목표 아래 사업 경쟁력 강화를 달성하여 향후 시장 점유율을 지속적으로 높여 나갈 계획"이라고 밝혔다. 1위에 대한 강박증은 LG전자에 비해 삼성전자가 글로벌 트렌드에 민감할 수 있는 동력이 되었다.

LG전자는 2008년까지는 "이동단말은 회사의 성장을 가늠하는 중요한 사업이므로 지속적인 성장이 가능하도록 조직의 역량을 결집할 것"이라며 매출 구조에서 휴대폰의 비중을 강조했다.

LG전자는 2009년부터 'Product Leadership'이란 표현을 사용해왔다.[52] 이 말은 회사의 경쟁 우위 요소를 설명하는 부분에서 쓰였다. LG전자는 앞으로의 계획을 나열한 뒤 이를 통해 "Product Leadership 지속 확대"라고 문장을 맺었다.

'Product Leadership'은 LG전자가 휴대폰 시장에서 점하고자 하는 위치는 1위이지만, 실제 1위가 아니기에 쓰는 우회적인 표현이다. 시장 내에서 상위권으로서의 리더십을 강조한 말이다. 그러나 이 표현은 LG전자를 스스로 가두는 역기능을 유발한다고 볼 수 있다. 시장에서의 리더십은 1위가 아닌 2~3위도 영위할 수 있다. 리더십 확대는 1위 수성보다는 절박함이 떨어진다. 시장점유율 부문에서 정체가 올 가능성이 크기 때문에 항상 새로운 시장을 창조해야 하는 1위 삼성전자의 절박함은 그 자체만으로도 LG전자보다 미래 트렌드 창출에 한 발짝 더 가까이 다가갔다고 볼 수 있다.

03
LG전자의 포지셔닝과 OS 전략

아이폰 이후, LG전자는 스마트폰을 중심으로 휴대폰 전략을 수정했다. 그렇지만 LG는 삼성과 중요한 차이를 드러냈다. 자체 OS를 포기한 것이다. 이는 1위를 목표로 하는 삼성전자와 'Product Leadership'을 희망했던 LG전자의 극명한 입장 차이가 드러난 대표적 사례이다.

LG전자는 OS를 포기하고 '차별화된' 단말기로 승부를 보는 방향으로 전략을 세웠다. 안승권 LG전자 모바일커뮤니케이션 사장은 2010년 MWC에서 "LG전자는 스마트폰과 관련해 독자적인 운영체제에 대한 구상이 있는가?"라는 기자의 질문에 다음과 같이 답했다.

"LG가 그동안 하드웨어 중심의 비즈니스를 해왔던 건 사실이다. 소비자가 추구하는 가치가 솔루션 쪽으로 넘어가고 있는 것도 사실이다. 아주 특이한 경우를 제외하고는 우리가 스마트폰 생태계를 장악하긴 힘들 것이다. 그래서 우리는 적어도 2~3년 사이에는 LG만의 독자적인 플랫폼을 만들지 않겠다고 확고하게 결정했다. 대신 1~2년 동안은 안드로이드와 윈도우 모바일7에 집중할 것이다. 그러면서 동시에 가장 기본이 되는 주요 기능에서 차별화되기 위해 자원을 집중하고 있다."

LG전자의 차별화된 전략은 두 가지 방향으로 해석될 수 있다.

우선 시장이 고착화된 상황에서 독자적인 OS 개발은 이미 늦었으며 현실적으로 무리라고 판단하고, 단말기의 차별화로 승부를 보려는 선택과 집중의 결과다. 스마트폰 시장의 흐름과 그 속에서 LG전자의 위상을 파악한 전략적 판단인 것이다. 이길 수 없는 곳에 뛰어드느니, 운영체제는 골라서 쓰고 그 대신 더 좋은 스마트폰을 '만드는 데' 집중하겠다는 게 LG전자의 선택이다.

이는 2등의 어쩔 수 없는 선택으로, 꼭 부정적으로만 볼 일도 아니다. 아직 스마트폰은 범용화 단계에 진입하지 않았다. 2010년 연말 기준 국내 휴대폰 소비자 중 스마트폰 이용자는 5명 중 1명 꼴이다. 이제 시장 성장기다. 시장이 커지면 운영체제 등 각종 스마트폰 부품들이 싸지기 마련이다. 후발주자가 뛰어들 공간도 커진다. 자신의 고유 기술이 없는 입장에서 부품이 고가라면 해당 시장에 진입하기는 어렵다. 그러나 부품이 싸진다면 상황은 달라질 수도 있다. 스마트폰 시장이 성숙기가 되면 제품 차별화를 통한 모토로라 등 후발업체의 약진이 두드러질 수 있다. LG전자 입장에서 운영체

■ 〈그림 30〉 LG전자 휴대폰 사업부의 매출액 대비 순이익률

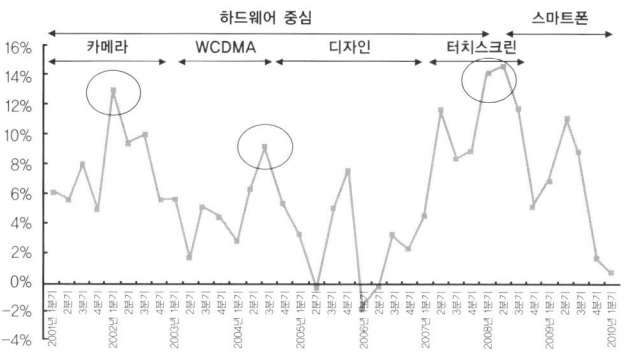

※ 자료: LG전자, 한국투자증권 리서치센터

제 아웃소싱 전략은 나쁜 판단은 아니다.

LG전자의 OS 아웃소싱 전략은 최근 휴대폰의 트렌드 변화에서 보여준 LG전자의 전략과도 맥이 닿아 있다. LG전자는 트렌드가 변화할 때마다 시장을 이끌어가기보다는 시장이 형성된 뒤부터 본격적으로 새로운 트렌드에 맞게 휴대폰을 만들어왔다. 그 결과, 트렌드 전반을 놓고 볼 때 성숙기 국면에서 강한 면모를 보였다(〈그림 30〉 참고).

다른 또 하나는 LG전자의 스마트폰 준비가 삼성전자에 비해 현격하게 떨어졌음을 의미한다. 위피 의무 탑재 폐지로 아이폰 도입 여부에 대한 관심이 본격화되었던 2009년 4월을 돌이켜보자.

당시 국내 휴대폰 제조사와 이동통신사들은 자체 앱스토어 개설 계획을 연이어 발표했다. 구체적 계획이나 면밀한 검토 없이 성급

■ 〈그림 31〉 한국 앱스토어 시장의 예상 승자는?

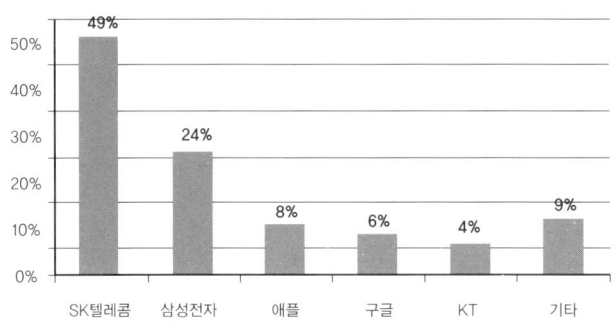

※ 자료: 애틀라스 리서치앤컨설팅
※ 설문조사 기간: 2009년 4월 7일부터 2009년 4월 13일까지
※ 설문대상자: 한국의 IT 업계 종사자 160명

하게 포부만 밝혔다는 지적도 제기됐지만, 시장 선점을 위한 의미 있는 노력으로 평가된다. 일부 시장조사 기관의 설문조사에서는 국내 통신사의 앱스토어가 애플 앱스토어를 제치고 성공할 것이라는 결과가 나오기도 했다(〈그림 31〉 참고).

이때 삼성전자가 앱스토어 개설 계획을 발표하며 열을 올린 데 반해, LG전자는 조용했다. 이는 아이폰 쇼크 이후 LG전자와 삼성전자의 스마트폰 사업의 준비 정도를 비교 분석할 때 중요한 대목이다.

삼성전자가 스마트폰 부문에서 소프트웨어에도 대비를 하고 있던 데 반해, LG전자는 앞으로 다가올 변화에 대해 경쟁사보다 소홀하게 대응했다는 것이다. LG전자는 2009년 11월 1일에야 휴대폰 사업본부 내 스마트폰 사업부를 신설했다.

LG전자가 스마트폰에서 늦은 이유는 LG그룹 차원에서의 전략의 결과로 여겨진다. LG 계열의 이동통신업체인 LG텔레콤의 CFO는 2009년 10월 3분기 실적 발표 컨퍼런스콜에서 "애플 아이폰의 출시로 이동통신 시장 경쟁이 강화될 가능성은 낮다"며 "현재 국내 스마트폰 시장 규모를 고려할 때 시장 경쟁이 촉발되어도 스마트폰 시장 내 경쟁으로 한정되지, 전체 시장으로 확대될 것으로는 판단하지 않고 있다"고 밝혔다. 그는 이보다 석 달 전의 2분기 실적 컨퍼런스콜에서는 아이폰 출시 영향에 대해 "현지화가 안 돼 있는 외국 스마트폰이 정착하려면 많은 어려움이 있고 시간이 필요하다"며 "시장에 미칠 영향은 크지 않을 것으로 전망된다"고 말했다.

5부
2등 전략의 한계

1장

한국 휴대폰,
기업 트렌드를 놓치다

이러한 통계로 볼 때 삼성전자와 LG전자가 스마트폰에 관심을 기울이고 있지 않았다는 분석이 설득력을 얻는다. 휴대폰 업계에서는 "우리나라 업체들이 시장 진입을 늦게 한 것은 이미 경쟁력을 갖고 있는 일반폰 분야에 안주하려는 경향이 강했기 때문"이라고 지적했다. 증권가의 휴대폰 담당 애널리스트들은 "일반폰의 성공에만 취해 스마트폰에는 관심을 두지 않았다"고 입을 모았다. 특히 중·저가폰을 앞세운 이머징 국가 진출을 통해 시장을 확대하고 수익성을 창출하는 재미에 취해, 정작 미래 트렌드를 좌우하는 스마트폰 등 고급 휴대폰 개발에 취약했다는 분석이 지배적이었다.

01
스마트폰의 한국형 정의

휴대폰은 크게 두 종류로 나뉜다. 하나는 스마트폰(smart phone)이고, 다른 하나는 일반폰(feature phone)이다. 그러나 이 둘을 구분하는 명확한 기준은 없다. 이는 곧 스마트폰이 무엇인지에 대한 정확한 개념 정리도 안 되어 있다는 얘기다.

2005년까지 스마트폰에 대한 명확한 정의가 존재하지 않았다. 2006년에 가서야 영국의 정보기술 전문 사이트인 실리콘닷컴(www.silicon.com)에 의해 스마트폰의 정의에 대한 다양한 해석이 소개됐다.[53]

"큰 화면을 갖추고, 데이터 중심(data centric)의 속성을 가짐. PDA[54]처럼 동시에 여러 가지 기능을 할 수 있도록 설계되어 있음. 한 손에 들어올 수 있도록 설계됨"(가트너).

"스마트폰은 전통적인 통신기기와 풍부한 애플리케이션과 데이터를 제공하는 기기가 결합된 휴대폰"(제이슨 레인지, 마이크로소프트의 유럽 모바일 비즈니스팀 매니저).

2010년 들어 "스마트폰은 기존 일반폰보다 더 진보된 컴퓨팅 기능과 인터넷 연결 능력을 가진 휴대폰이다"[55]라는 해석이 추가된다. 한국에서 스마트폰의 정의에는 컴퓨팅 기능과 인터넷 연결 능력에 하나가 더 추가된다. 바로 애플리케이션이다.

한국의 대표적인 포털 사이트인 '네이버'의 사전에 스마트폰은 다음과 같이 정의되어 있다.

"휴대전화에 인터넷 통신과 정보검색 등 컴퓨터 지원 기능을 추가한 지능형 단말기이다. 사용자가 원하는 애플리케이션을 설치할 수 있는 것이 특징이다."

다시 말하면, 스마트폰은 인터넷 등 PC 기능이 가능할 뿐 아니라 사용자가 임의대로 다양한 애플리케이션을 설치할 수 있어야 한다는 것이다.

2009년 한국에서 인터넷에 접속할 수 있으면서 다양한 애플리케이션을 내려 받아 사용할 수 있는 휴대폰은 애플의 아이폰이 유일했다.[56] 아이폰에 비해 한 달 먼저 출시된 삼성전자의 옴니아2는 앞선 터치폰 모델인 햅틱의 진화된 휴대폰으로 인식됐을 뿐, 한국 소비자에게 스마트폰으로서 자리매김하지 못했다. 옴니아2를 통한 애플리케이션 활용은 사실상 전무했다.

그렇다면, 아이폰은 어떤 휴대폰이었을까? 제조사인 애플이 내린 정의는 다음과 같다.

"아이폰은 단순한 휴대폰 이상이다. 그것은 세 가지가 결합된 휴대폰이다. 혁명적인 휴대폰, 화면이 큰 아이팟 그리고 획기적인 인터넷 기능. 이 모든 것은 당신이 이전에 쓰던 휴대폰보다 더 좋은 기능을 선사할 것이다."

'전화+PC+애플리케이션=스마트폰'이라는 공식은 아이폰의 특성을 스마트폰으로 일반화한 것이다. 아이폰이 한국에서는 스마트폰의 표준이 된 셈이다.

02
열위에 있던 삼성과 LG의 스마트폰 경쟁력

도입 이전 국내에 스마트폰이 없었던 것은 아니다. 아이폰 3GS가 발표된 2009년 7월 당시, 국내에 출시됐거나 출시 예정인 스마트폰은 총 7종이었다. 그중 무선 랜을 탑재한 휴대폰은 4종에 그쳤다. 해외의 스마트폰이 무선 랜 기능을 기본 사양으로 하는 것과는 대조적이었다. 무선 랜 기능이 없는 국내 스마트폰은 반쪽짜리에 불과했던 셈이다. 당시 방통위도 이 문제에 대해 자각했다. 2009년 7월 방통위 관계자는 "국내에서 출시되는 스마트폰에 이러한 문제점이 있다는 것을 이미 알았다"며 "무선 인터넷 활성화 차원에서 스마트폰 무선 랜 탑재에 대해 검토해보겠다"고 말했다.

무선 랜 탑재 여부를 정책적으로 논하기에 앞서, 한국 휴대폰 업체의 스마트폰 경쟁력은 일반폰에 비해 형편없었다.

11월에 나타난 애플 아이폰이 하반기를 휩쓸지만 않았다면,

2009년은 삼성전자와 LG전자에게는 축복의 해로 기억될 수 있었을 것이다.

삼성전자는 사상 처음으로 연간 판매 대수가 2억 대를 돌파했고, 글로벌 시장점유율이 20%를 넘어섰다. LG전자도 시장점유율 10%대를 넘으며, 소니에릭슨과 모토로라 등 4위권과의 격차를 벌이며 확실한 3위를 굳혔다. 전 세계 휴대폰 시장의 점유율을 놓고 보면, 삼성과 LG의 시장점유율의 합이 노키아를 추월할 날이 머지않아 보였다(〈표 13〉〈그림 32〉 참고).

그러나 한국 휴대폰 기업은 스마트폰 시장에서는 변방이었다. 글로벌 스마트폰 시장점유율 면에서 삼성과 LG의 성적은 초라했다. 2008년 기준으로 삼성은 3.9%, LG는 0.2%에 불과했다. 2009년 10월 미국 광고 업체 애드몹(AdMob) 조사 결과에 따르면, 세계인들이 가장 많이 쓰는 스마트폰 상위 20위 중 우리나라 제품은 12위에 오른 삼성전자의 SGH-1617 하나뿐이었다.

■ 〈표 13〉 주요 휴대폰 제조사의 글로벌 판매 실적 (단위: 100만 대)

기업명	2009년	2008년
노키아	431	468
삼성전자	227	196
LG전자	117	101
소니에릭슨	57	96
모토로라	55	100

※ 자료: 스트래티지 애널리스틱스

■ 〈그림 32〉 상위 휴대폰 업체의 글로벌 시장점유율 변화

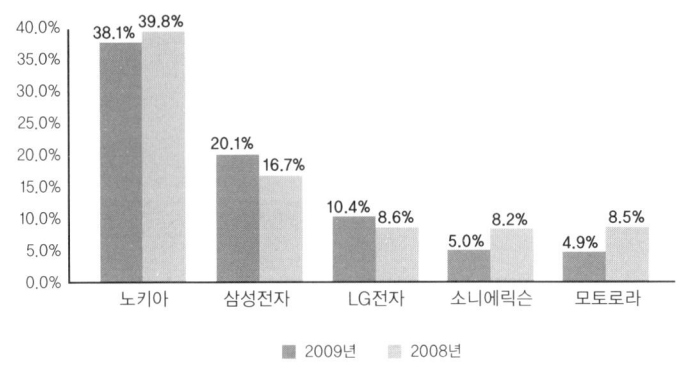

반면, 일반 모바일 단말의 경우 삼성전자의 'SCH-R450'과 'M800' 'R810' 'R210' 'T919' 그리고 LG전자의 'CU920' 등 우리나라 제품이 톱 20에 무려 6개나 올라가 있었다.

이러한 통계로 볼 때 삼성전자와 LG전자가 스마트폰에 관심을 기울이고 있지 않았다는 분석이 설득력을 얻는다. 휴대폰 업계에서는 "우리나라 업체들이 시장 진입을 늦게 한 것은 이미 경쟁력을 갖고 있는 일반폰 분야에 안주하려는 경향이 강했기 때문"이라고 지적했다. 증권가의 휴대폰 담당 애널리스트들은 "일반폰의 성공에만 취해 스마트폰에는 관심을 두지 않았다"고 입을 모았다. 특히 중·저가폰을 앞세운 이머징 국가 진출을 통해 시장을 확대하고 수익성을 창출하는 재미에 취해, 정작 미래 트렌드를 좌우하는 스마트폰 등 고급 휴대폰 개발에 취약했다는 분석이 지배적이었다.

03
마케팅 전략을 통해 본 삼성과 LG의 스마트폰 인식

　기업의 전략은 마케팅을 통해 외부에 드러난다. 이 중 광고는 마케팅 전략을 함축하고 있다. 광고는 대상 제품이나 서비스의 핵심 소구 포인트를 담고 있다는 점에서 기업이 판매 촉진을 위해 고안한 키워드를 읽을 수 있는 수단이 된다.
　3GS 출시로 아이폰에 대한 관심이 커지던 2009년 초여름의 일이다. 삼성전자는 6월 15일 '제트폰'[57]을 선보였다. 런던·싱가포르·두바이에서 공개하는 방식이었다.
　제트폰 설명회에서 삼성전자 무선사업부장인 신종균 부사장은 "풀터치폰 분야에서 2년간 축적한 첨단 기술을 집약한 제품"이라며 "세계 사용자들이 성능과 편리한 사용법에 놀라게 될 것"이라고 자신했다. 제트폰은 화질과 성능, 속도 면에서는 기존 휴대폰보다 월등한 제품이었다.

화면은 7.8cm(3.1인치) 유기 발광 다이오드였다. 햇빛 아래에서는 약점을 보인 기존 LCD 화면의 단점도 커버했다. 초당 8억 번 연산할 수 있는 동작 속도도 갖췄다. 빠른 동작 속도에 최대 20가지 작업을 한꺼번에 할 수도 있었다. 카메라는 500만 화소급이며, 동영상은 DVD급으로 녹화가 됐고, 재생 품질은 HD급이었다.

삼성전자는 이러한 월등한 하드웨어를 유럽 홍보 마케팅 포인트로 삼았다. 당시 삼성전자는 바이럴 마케팅(virus marketing)[58] 용 동영상을 통해 제트폰을 홍보했다. 다음은 바이럴 마케팅 광고 중 하나로, 1분 20초짜리 동영상의 내용은 이렇다.

> 영국 런던의 피카디리 서커스(Piccadilly Circus)에 UFO가 등장한다. 사람들이 우왕좌왕하는 가운데, UFO 바닥 쪽 문이 열리면서 코끼리 두 마리가 번지점프를 한다. 코끼리 발목은 UFO 내부에 고정돼 있다. 번지점프를 마친 코끼리는 눈 깜짝할 사이에 UFO 내부로 사라지고, UFO도 그 자리를 뜬다. 사람들은 자신들의 휴대폰을 통해 그 광경을 제대로 찍었는지 확인한다. 사람들 대부분이 찍지 못했다는 탄식을 하는 가운데, 한 여성이 자신이 또렷하게 찍은 'UFO에서 번지점프하는 코끼리' 화면을 보인다. 이 휴대폰이 바로 삼성의 제트폰이다.

제트폰은 아이폰을 겨냥하고 만들어진 제품이다. 글로벌 마케팅 구호가 '스마트폰보다 더 똑똑한 폰'이었다. 직설적으로 말하면, '아이폰보다 더 나은 폰'이라는 얘기다.

국내 언론은 제트폰과 아이폰의 대결 구도에 주목했다. 하지만 무게 추는 제트폰에 쏠려 있었다.

국내 언론에 실렸던 기사를 종합해보면 이렇다.

> 삼성전자의 제트폰은 기능에서 압도적이고, 아이폰에 비해 취약점으로 지적됐던 사용자환경도 뒤떨어지지 않는다. 브랜드 인지도와 기능 면에서 높은 제품 사양도 강점이다. 다만 아이폰보다 가격이 더 비쌀 것으로 예상되고 아이폰의 마니아층을 공략해야 하는 문제가 있다. 가격은 이동통신사의 마케팅 전략이 공격적으로 시행되면 해소될 수 있는 부분으로 여겨진다.

이 말을 다시 한 번 요약하면 다음과 같다.

"제트폰이 더 좋은 폰이다. 다만 걱정되는 것은 더 좋은 품질로 인해 비싸게 책정될 가격이다. 그러나 이 부분은 이동통신사의 보조금으로 만회할 수 있다. 아이폰의 강점은 마니아층이다."

국내 언론은 국내 휴대폰과 아이폰과 대결의 분수령이 '기능'과 '마니아층 지지도'가 될 거라고 본 것이다.

한편, 아이폰이 관심사로 떠오르면서 스마트폰에 소홀했던 LG전자는 2009년 초 해외 전시회에 선보인 풀터치 스마트폰 'LG-GM730'으로 삼성전자에 밀린 터치스크린폰 시장에 나섰다. 이 휴대폰은 LG의 2009년 하반기 글로벌 전략 제품 중 하나였다. LG-GM730은 사용 편리성을 대폭 강화해 초보자도 쉽게 사용할 수 있고, 윈도우 모바일 6.1, 3차원 사용자환경인 'S 클래스 UI', 500만 화소 카메라 등 다양한 멀티미디어 기능이 탑재된 휴대폰이다.

  삼성과 LG의 스마트폰 모두 아이폰의 핵심 기능인 무선 인터넷을 갖추지 않았다. 아이폰 도입 직전에도 국내 휴대폰 업체들은 기존 휴대폰의 고급 모델로 아이폰 열기를 누르려 애썼다.

  삼성전자는 2009년 9월 29일 햅틱 아몰레드의 인기를 이어갈 프리미엄폰 '아몰레드 12M'을 선보였다. 카메라폰 최초로 광학 3배 줌을 채용했고, 화소가 1200만에 달했다.

  LG전자도 같은 날 뉴초콜릿폰을 내놓았다. 2005년 출시된 후 전 세계적으로 2100만 대 이상이 팔린 초콜릿폰의 후속 제품이다. 뉴초콜릿폰은 기존 16 대 9 비율의 풀터치폰과 차별화 되는 21 대 9 스크린을 썼다. 여기에 돌비 모바일 사운드 시스템이 더해져 영화관 못지않은 생생함을 재현한다는 게 LG전자의 설명이었다.

  뉴초콜릿폰은 영국의 휴대폰 전문지 〈왓모바일(What Mobile)〉이 주관하는 '왓 모바일 어워즈(What Mobile Awards)'에서 '올해의 휴대폰(Mobile Phone of the Year)' 부문을 수상했다. 전년 수상 제품은 애플의 아이폰이었다. 광고 모델도 당대 최고 인기 걸 그룹을 썼다.

  새 휴대폰을 출시하면서 두 회사는 아이폰에 대해 "마니아에게는 어필하겠지만, 일반 대중에게까지 영향을 미칠 것 같지는 않다"(삼성전자), "아이폰의 수요는 국내 휴대폰 전체 시장으로 봤을 때는 한정적이기에 큰 영향을 미치지는 않을 것"(LG전자)이라고 했다.

  이 같은 상황 판단의 근간에는 국내 휴대폰 업체의 압도적인 시장지배력이 자리 잡고 있다.

2009년 6~7월은 휴대폰 시장에서 삼성전자와 LG전자의 힘이 정점을 이룰 때다. 특히 7월은 삼성전자 53%, LG전자 32.3%로 두 회사의 시장점유율만 85.3%에 달했다. 이 기간 동안 국내에서 팔린 휴대폰 10개 중 9개는 삼성전자 또는 LG전자 제품이라고 해도 과언이 아니다(〈그림 33〉 〈표 14〉 참고).

이러한 국내 시장 장악력 덕분에 국내 소비자 5명 중 1명은 아이폰이 삼성전자 제품이라고 오인할 정도였다.[59]

삼성전자는 2008년 11월에 출시한 옴니아에 힘입어 국내 스마트폰 시장의 90%를 차지한다는 평을 받고 있었다. 삼성 옴니아는 전 세계 스마트폰 중 아이폰 3GS에 필적할 대항마로 꼽히기도 했다.

국내 휴대폰 제조사는 단단한 기반을 믿고 "아이폰은 아무것도 아니다"며 호언을 했다. LG전자의 김상돈 CFO는 2009년 7월 31일에 진행된 2분기 실적 컨퍼런스 콜에서 "현지화가 안 돼 있는 외산

■ 〈그림 33〉 아이폰 출시 전 삼성전자와 LG전자의 국내 휴대폰 시장점유율(2009년)

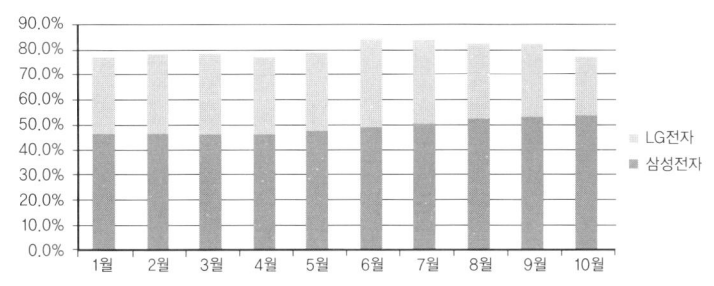

※ 자료: 뉴시스, "삼성·LG전자 휴대폰 내수시장 점유율 변화", 2010년 2월 1일

■ 〈표 14〉 아이폰 출시 전 삼성전자와 LG전자 등 국내 휴대폰 제조사의 시장
점유율 추이(2009년)

월	삼성	LG	기타
1월	49.0%	29.3%	21.7%
2월	50.0%	29.4%	20.6%
3월	49.0%	30.7%	20.3%
4월	48.0%	30.1%	21.9%
5월	50.0%	30.3%	19.7%
6월	52.0%	33.2%	14.8%
7월	53.0%	32.3%	14.7%
8월	55.0%	28.3%	16.7%
9월	55.8%	27.5%	16.7%
10월	56.0%	22.5%	21.5%

※ 자료: 뉴시스, "삼성·LG전자 휴대폰 내수 시장 점유율 변화", 2010년 2월 1일

스마트폰이 정착하려면 많은 어려움이 있고, 시간이 필요하다"며 "시장에 미칠 영향이 크지 않을 것으로 전망한다"고 말했다.

국내 제조사가 여유를 부릴 수 있었던 이유는 주요 매출원인 홈그라운드 시장에서는 스마트폰의 비중이 작았기 때문이다.

2009년 6월 기준으로 스마트폰 사용자가 40만 명을 넘어 시장점유율 1%를 넘었을 뿐이었다. SK텔레콤 24만 명, KT와 LG텔레콤 고객 합해서 16만 명이었다. 단말기는 마이크로소프트의 '윈도우 모바일'이 깔린 삼성전자 제품이 90%를 차지했다.

빈약한 스마트폰 시장도 국내 휴대폰 제조사가 아이폰이 몰고 올 충격을 얕잡아본 계기가 됐다. 국내 휴대폰 업체는 스마트폰의 낮은 시장점유율이 커질 가능성을 고려하지 않은 채, "아이폰이 들어

와서 스마트폰 시장의 절반을 차지해도 괜찮다"고 판단했다. 아이폰이 시장의 절반을 차지해도 전체 휴대폰 시장에서 차지하는 비중은 0.5%에 불과하다고 계산했기 때문이었다.

그러나 이는 2009년 말 오판으로 확인됐다. 국내 휴대폰 제조사들은 때늦은 탄식을 했다. 남용 LG전자 부회장은 아이폰 국내 출시 후 가진 CEO 대상 강연회에서 "스마트폰 사업 진출이 경쟁사에 비해 늦어서 많이 힘들었다"며 "실무진과 함께 미국에 가서 애플 아이폰을 구입해 사용하며 연구했다"고 말했다.

2010년 1월 'CES2010'[60]에서 남용 부회장은 "(현재는) 패러다임이 바뀌는 격변의 시기이며, '애플처럼 예상치 못한 곳'에서 새로운 경쟁자가 나오는 상황이기 때문에 글로벌 시장에서 '메이저 플레이어'가 되지 못하면 살아남지 못한다"고 말했다. '애플처럼 예상치 못한 곳'이란 표현에서 LG전자는 아이폰의 파괴력을 예상하지 못했음을 엿볼 수 있다.

2장

잘못된 전략의 결과

한국 기업이 아이폰 쇼크를 통해 절실히 깨달아야 할 것은 바로 2등 전략의 효용성 급감이다. 한국 기업은 새로운 시장을 만드는 혁신보다는 기존에 형성된 시장 속에서 품질과 가격으로 승부를 거는 2등 전략에 익숙해 있다. 2등 전략에서 강점을 보인 한국 기업은 늦게 출발하더라도 선도 업체와 박빙의 승부를 벌일 수 있었다. 반도체, LED TV도 한국 기업이 뒤늦게 출발했지만 글로벌 업체를 따라잡고 지금은 1위를 형성하고 있다.

그러나 하드웨어 중심의 기존 제품과 달리 모바일 시대의 중심인 스마트폰에서는 2등 전략이 쉽지 않아 보인다.

01
2등 전략의 한계

　삼성전자와 LG전자는 한국이 아닌 세계를 무대로 활동하는 글로벌 기업이다. 그러나 새로운 트렌드를 창조해서 시장을 만들어내지는 못해왔다. 이는 어제오늘의 일이 아니다. 이들은 시장이 형성된 뒤 선도 업체를 추격하는 2등 전략을 구사해왔다.
　삼성전자는 2007년부터 스마트폰의 가능성을 깨달았지만, 주도적으로 나가지 못했다. LG전자는 아이폰이 국내에 출시된 이후에야 스마트폰의 위협을 실감하고 적극적으로 나섰다.
　2등 전략은 안정된 수익 창출이라는 긍정적 기능이 있다. 그러나 제품의 생애주기상 2등 기업은 시장의 성장기 때까지는 시장에서 힘을 쓰지 못하는 경우가 허다하다. 기술의 생애주기가 길 때는 2등 전략이 큰 문제가 되지 않는다. 제품의 생애주기는 기술의 생애주기와 맞물린다. 기술의 생애주기가 길면, 제품의 생애주기도 함께 길어져 뒤늦게 출발해도 시장에 먹을 파이는 여전히 존재한다.

그러나 IT에서는 기술 변화 속도가 빠르기 때문에 뒤늦게 출발한 기업이 먹을 수 있는 파이가 작을 수밖에 없다. 클레이튼 크리스텐슨의 《파괴적 혁신 전략》에 따르면, 시장에 존재하지 않는 혁신에 성공하는 기업은 후발주자들이 선도 기업을 따라올 때까지

■ 〈표 15〉 삼성전자 2010년 2분기 실적

합계(연결기준, K-IFRS)

분류	2009년 2분기	2010년 2분기
매출액	32조 5100억 원	37조 8920억 원
영업이익	2조 6740억 원	5조 140억 원
순이익	2조 3340억 원	4조 2770억 원

사업군별 매출액

분류	2009년 2분기	2010년 2분기
반도체	6조 1300억 원	9조 5300억 원
LCD	5조 9100억 원	7조 7600억 원
텔레커뮤니케이션	9조 1000억 원	8조 7800억 원
디지털 미디어	12조 1500억 원	14조 5400억 원

사업군별 영업이익

분류	2009년 2분기	2010년 2분기
반도체	3400억 원	2조 9400억 원
LCD	2500억 원	8800억 원
텔레커뮤니케이션	9800억 원	6300억 원
디지털 미디어	1조 1600억 원	3600억 원

※ 자료: 삼성전자 반기연결검토보고서(2010년 2분기)

무주공산인 시장에서 수익을 거두고 이를 토대로 또 다른 혁신을 추진한다.

삼성전자와 LG전자가 스마트폰에서 주도권을 뺏긴 결과는 실적 악화로 이어졌다.

우선 삼성전자를 보자. 삼성전자는 2010년 2분기에만 5조 100억 원의 영업이익을 올렸다. 사상 최고치였다. 2009년 2분기와 비교해 볼 때 87.6% 증가한 수치다(〈표 15〉 참고).

삼성전자 실적 견인의 주체는 반도체와 LCD였다. 반도체와 LCD의 매출액은 2009년 2분기 대비 각각 55%, 31% 증가했고, 영업이익은 각각 765%, 252% 늘었다.

그러나 휴대전화가 속한 정보통신 부문이 실적 개선의 발목을 잡았다. 통신 부문의 매출액과 영업이익은 2009년 2분기 대비 각각

■ 〈그림 34〉 삼성전자 휴대폰의 평균 단가와 영업이익률 추이

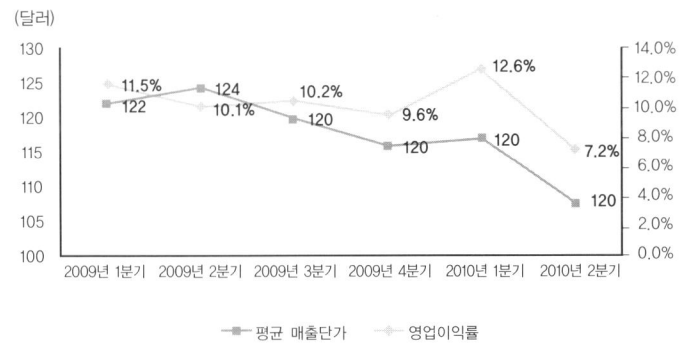

※ 주: 2010년 2분기는 우리투자증권 리서치센터의 추정치
※ 자료: 삼성전자, 우리투자증권 리서치센터

■ 〈표 16〉 삼성전자 휴대폰 사업부의 실적 (단위: 10억 원, 1000대, %)

분기	2009년 1분기	2분기	3분기	4분기	2010년 1분기	2분기
매출액	7900	8400	9000	9300	8600	8100
영업이익	910	850	920	890	1080	580
휴대폰 판매량	45900	52300	60200	68800	64300	63800
스마트폰 판매량	1250	1120	1320	2190	2620	3000
스마트폰 비율	2.7	2.1	2.2	3.2	4.1	4.7

※ 주: 2010년 2분기는 우리투자증권 리서치센터의 추정치. 실적은 연결기준, K-IFRS
※ 자료: 삼성전자, 우리투자증권 리서치센터

3.5%와 35.7% 감소했다. 매출 악화는 갤럭시S가 6월 말 출시되기 이전까지 이렇다 할 아이폰 대항마를 못 내놨기 때문이다. 유럽 경기 악화도 매출 악화의 한 원인이 됐다. 수익성 하락은 스마트폰 경쟁 본격화로 판매가 경쟁이 심화되어 평균 판매 가격이 떨어진 데 따른 결과다. 스마트폰이 대세가 되자 인기가 떨어진 일반폰의 가격 하락 폭이 컸던 것도 수익성 악화를 부추겼다. 10%를 웃돌던 삼성전자 휴대폰 부문의 영업이익률은 2010년 2분기에 7.2%까지 떨어졌다(〈그림 34〉〈표 16〉 참고).

LG전자는 2010년 2분기에 어닝 쇼크(Earning Shock)를 기록했다. 증권가와 업계에서는 LG전자의 영업이익을 1500억~2600억 원대로 전망했다. 그러나 공개된 LG전자 2분기 영업이익은 1262억 원에 불과했다. 2009년 2분기에 비해 영업이익이 89.9% 감소한 것이다. 휴대전화가 속한 모바일커뮤니케이션 부문이 1326억 원의 영업손실을 낸 게 화근이었다. 대응이 늦어 스마트폰이 시장에서 주목을 못 받은 데다가 연구개발 비용 증가와 판매가 하락으로 수익성이 악화된 결과였다.

결과적으로 삼성전자와 LG전자는 눈앞에 보이는 시장점유율 등의 숫자에만 급급해 미래를 대비한 과감한 혁신을 도외시하고 소비자의 변하는 수요를 파악하지 못한다면, 시장 내 90%의 절대적인 위상도 그 힘을 잃어버릴 수 있음을 깨달았다.

다시 말하면, 아이폰 쇼크는 현실에 안주해서 새로운 시도를 하지 않는 전략이 관련 산업에서 헤게모니를 한순간에 잃게 할 수 있음을 깨닫게 해주었다. 기득권 세력이 자신의 기득권을 잃을 각오로 새로운 패러다임에 몸을 맞춰야 한다는 것이다.

한국 기업이 아이폰 쇼크를 통해 절실히 깨달아야 할 것은 바로 2등 전략의 효용성 급감이다. 한국 기업은 새로운 시장을 만드는 혁신보다는 기존에 형성된 시장 속에서 품질과 가격으로 승부를 거는 2등 전략에 익숙해 있다. 2등 전략에서 강점을 보인 한국 기업은 늦게 출발하더라도 선도 업체와 박빙의 승부를 벌일 수 있었다. 반도체, LED TV도 한국 기업이 뒤늦게 출발했지만 글로벌 업체를 따라잡고 지금은 1위를 유지하고 있다.

그러나 하드웨어 중심의 기존 제품과 달리 모바일 시대의 중심인 스마트폰에서는 2등 전략이 쉽지 않아 보인다.

첫째, 하드웨어인 단말기뿐만 아니라 애플리케이션이라는 소프트웨어가 핵심가치 제공의 주요 주체이기 때문이다. 애플리케이션은 시장 형성이 중요하다.

일단 애플리케이션 공급자와 수요자 간 시장이 형성되면 활성화

되는 거래로 인해 시장은 커진다. 시장이 형성되면 처음에 시장을 조성한 선도 기업은 조정자의 역할만 하면 된다. 애플도 앱스토어에서 애플리케이션 공급자와 소비자가 만들 수 있는 장터 관리를 맡을 뿐이다. 그런데 시장은 공급자와 수요자 간 자체 거래로 인해 커진다. 확대된 애플리케이션 시장은 단말기가 제공하지 못하는 다양한 가치를 제공한다. 이렇게 되면 애플리케이션 시장에 대한 충성도는 단말기로 전이된다.

아이폰은 '아이폰→앱스토어→아이폰'이라는 선순환 구조를 만들어 아이폰의 영향력을 공고히 했다. 아이폰 자체가 아니라 앱스토어 때문에 아이폰을 택하는 시장 분위기까지 형성됐다.

후발주자는 기존 일반폰 때와는 달리 애플리케이션이라는 개체를 소비자에게 직접 제공하는 것을 넘어서 애플리케이션 시장을 창조해야 한다. 시장을 만드는 일은 서비스를 직접 전달하는 것보다 더 어렵다. 프로모션 등의 마케팅 활동으로 고객을 끌어모을 수는 있다. 그러나 인위적인 마케팅으로는 일정 수준 이상의 고객을 확보할 수는 없다.

이는 시장의 특성 때문이다. 한 시장을 반복적으로 이동하는 소비자의 행동은 충성도와 자발성을 핵심으로 이루어진다. 자발성이 기반이 된 충성도를 가진 고객을 품질 좋은 제품만으로 뺏어오기는 어렵다.

둘째, 2등 전략은 급변하는 기술의 변화로 인해 제품의 생애주기 또한 짧아지면서 그 효용성이 인터넷 시대에 비해 급격하게 떨어졌다. 시장의 유년기와 성장기 때는 선도 업체가 혁신의 과실을 딴다. 스스로 만든 시장의 약한 경쟁 속에서 고수익을 누린다. 성공한 후발업체가 주목을 받는 시기는 시장의 성숙기 때다. 품질과 가격 경쟁력을 갖춘 후발업체는 성숙된 시장 속 경쟁자와의 대결에서 우위를 점하며 수익을 가져간다.

이 같은 2등 전략이 성공하려면, 토대가 되는 제품의 생애주기가 길어야 한다. 그렇지 않으면 늦게 뛰어들었을 때 의미 있는 수익을 거둘 수 있는 파이의 규모가 작아진다. 그런데 IT 기술 진화 속도가 점차 빨라지면서 제품의 생애주기도 줄어들고 있다. 혁신을 이룬 선도 업체만이 수익을 누린 뒤, 나머지 시장은 작아진 파이를 가지고 더 많아진 후발주자들이 경쟁하는 형국이 된다. 레드오션의 농도가 짙어지는 셈이다.

02

위기 속 삼성전자와 LG전자 성패 가른 포지셔닝 전략

'혁신'이란 측면에서 LG전자는 둘째가라면 서러워할 만한 기업이다. LG전자는 전 세계 기업을 통틀어 하는 혁신 부문 평가에서도 상위권에 속한다.

LG전자는 2010년 미국 경제 주간지 〈비즈니스위크〉가 발표한 세계 50대 혁신 기업 순위[61]에서 7위에 올랐다. 2009년에 비해서는 20계단 뛰어오른 성적이다. 한국 기업 중 혁신 기업 순위 10위권 내에 든 기업은 LG전자가 유일했다. 삼성전자는 11위로 10위의 울타리 안에 들어오지 못했다.

그런데 왜 혁신의 대명사인 기업이 새로운 트렌드의 대명사인 스마트폰에서는 후순위로 밀렸을까? 역사적으로 LG전자의 휴대폰 전략을 살펴보면 그 답을 찾을 수 있다.

휴대폰 트렌드별 LG전자의 경영 활동을 살펴보면, LG전자는 시장을 만들기보다는 만들어진 시장에 뒤늦게 뛰어들어 시장 성숙기 때 수익성을 얻는 전략을 써왔다. 굳이 시장을 만들면서 1등을 할 필요가 없었던 것이다. 시장에서 자사의 제품이 리더십을 가질 정도의 위상만 확보하면 되는 것이다. LG전자의 혁신은 없던 시장을 창출하는 불연속적인 측면보다는 존재하는 시장에서 더 좋은 제품을 만드는 면이 강했다. LG전자 휴대폰사업부는 시장 확장기 때 선도 업체에 비해 수익성에서 뒤쳐졌지만, 시장 성숙기에 돌입해서는 '따라 잡기' 저력을 발휘해서 시장 내 위상을 확보했다. 소위 2등 전략이다. 삼성전자도 LG전자와 마찬가지로 이러한 비판에서 자유로울 수는 없다.

다행히도 스마트폰 이전까지는 LG전자의 전략이 영리한 선택이었다. 스마트폰 이전 트렌드의 변화는 패러다임을 뒤흔들 정도는 아니었기 때문이다. 연속선상에서의 발전이었기 때문에 후발주자로 뛰어들어도 오랜 노하우와 기술력을 갖춘 LG전자가 충분히 따라잡을 수 있었다.

그러나 스마트폰은 기존과는 다른 발전의 진화다. 종전과는 분절된 형태의 발전이다. 새롭게 만들어지는 시장이었기 때문에, 다가올 시대를 선제적으로 대비한 기업과 그렇지 않은 기업 간의 차이가 분명히 날 수 밖에 없다.

일반폰에서의 발전은 기술과 트렌드의 연속선상의 변화인데 반해, 스마트폰은 일반폰과는 전혀 다른 차원의 발전이었기 때문이다.

스마트폰은 파괴적 혁신의 사례로 볼 수 있다. 불연속적인 파괴적 혁신은 수익성 창출 능력도 말 그대로 '파괴적'이다. 시장 도입기, 경쟁사가 진입하지 못하는 국면에서 누리는 수익은 이전 연속선상 혁신의 최소 2배 이상이다. 시장 내 위상 등을 감안한 정성적

■ 〈그림 35〉 연속선 상 혁신과 불연속 상 혁신

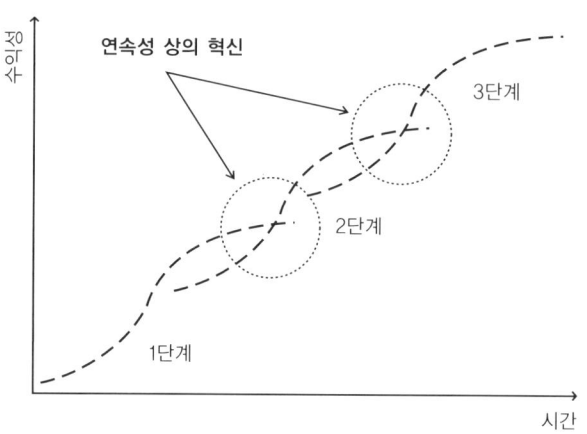

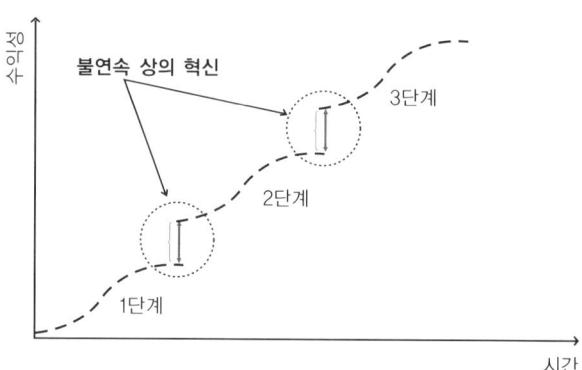

요소까지 감안하면 파괴적 혁신자가 누리는 과실의 크기는 더욱 크다. 반면, 후발주자는 눈 뜨고 기존 시장을 뺏기는 신세가 된다.

시장을 개척하지 못했던 삼성전자도 아이폰 출시 초반에는 LG전자와 마찬가지로 애플의 독주를 지켜봐야만 했다. 초반의 충격으로 휘청거리긴 했지만, 삼성전자는 본궤도로 오르려 몸을 추스르는 과정에서 LG전자보다 빨랐다. 애플 쇼크 1년 후, 삼성전자와 LG전자 간 시장 내 위상은 판이하게 달라졌다. 주요 원인 중 하나가 기업의 마음가짐이다. 삼성전자에게도 LG전자와 마찬가지로 새로운 시장을 만드는 저돌성은 없었다. 그러나 삼성전자는 "1등을 해야 한다"는 일념만은 끈질기게 고수했다. "어떠한 시장 환경 속에서도 1위를 하겠다"는 포지셔닝 전략은 삼성전자가 외부의 충격으로 시장이 만들어지는 초반에는 다소 주춤했지만 이내 제자리를 찾아가는 원동력이 됐다.

다시 말하면, 아이폰을 통한 애플 쇼크로 인해 발생한 위기 속에서 삼성전자와 LG전자의 대응 능력에서 큰 차이를 보인 근본 원인은 포지셔닝 전략이었다. 국내 1위였던 삼성전자는 "1위 업체로서 시장을 앞서가야 한다"는 인식 속에서 새로움과 외부적 트렌드 변화에, 상위 업체로서의 위상 확보에 중점을 뒀던 LG전자보다 민감했다. 스마트폰의 대비도 LG전자에 비해 빨랐다.

이 차이는 아이폰 이후 불어 닥친 스마트폰 열풍 속에서 삼성전자가 LG전자에 비해 우위에 서는 결정적 계기가 된다. 삼성전자가 아이폰 출시 후 7개월 뒤인 2010년 6월 선보인 갤럭시S는 한국과 해외에서 호평을 받았다. 아이폰 신모델인 아이폰4의 대항마로 평가받았다.

반면, LG전자는 이렇다 할 경쟁폰을 내놓지 못하면서 2010년 상반기 실적이 큰 폭으로 하락하는 결과를 맞았다. 구체적 지향점이 없고 이제껏 따라잡기 전략에 치중했던 LG전자는 위기 속에서 허둥대다가 기존 시장지배력도 잃을 위기에 처했다.

LG전자도 스마트폰 패배의 원인을 깨달았다. 최고 경영진부터 마음 다잡기에 나섰다. 구본준 LG전자 부회장은 2010년 10월1일 취임에 앞서 LG전자 공식 트위터를 통해, "다시 도전하자. 기본부터 다시 시작하자. 냉철하게 우리를 돌아보면서 잘못된 것은 빨리 고치고, 잘하고 있는 것은 더욱 발전시키자. 우리 손으로 LG전자의 명예를 반드시 되찾자"고 강조했다.

구 부회장의 취임사에서 그 방점은 혁신과 시장 주도에 찍혀 있었다.

"이제 우리는 다시 시장의 주도권을 잡아야 합니다. 시장의 변화에 끌려가는 것이 아니라, 시장을 주도하고 게임의 법칙을 지배할 수 있는 지속 가능한 경쟁력을 되찾아오는 것입니다. 그것이 여러분과 저에게 주어진 가장 중요하고도 시급한 사명입니다."

이를 위해 강조한 다섯 가지는 시장을 선도할 혁신제품 지속적 개발(장기적 관점의 미래투자 강화), 최고의 품질 확보, 고객 기반의 사업 전략 수행, 인재 육성 환경 조성, 자율과 창의의 조직 문화 구축이었다.

애플 쇼크 후, LG전자의 잃어버린 1년을 찾기 위한 방책으로 구 부회장은 "확고한 리더가 되겠다"는 새로운 포지셔닝 전략을 택한 것이다. 이런 맥락에서 LG는 그룹 차원에서 "4세대 이동통신 LTE(Long Term Evolution)에서는 선도적 위치에 오르겠다"는 계획을 세웠다. LG계열 이동통신사인 LG유플러스는 2011년 7월 국내에서는 가장 먼저 LTE 상용 서비스를 도입할 예정이다. 구 부회장 이후 새로 취임한 주요 임원들은 너도나도 "다음 시대에는 LG전자가 변화를 주도하자"고 외쳤다.

직원들도 예외는 아니다. 2010년 10월 LG전자 사내 임직원들을 대상으로 '전사적으로 통용될 인사말·구호'를 공모한 결과[62] 회의나 보고, 행사 시작 전에 사용할 인사말로 "반드시 일등합시다!"가 선정됐다. 회의나 보고, 행사 마무리, 회식 건배 제의 시 사용할 구호로는 "(선창) 빠르게 (후창) 준비하자, (선창) 독하게 (후창) 실행하자, (선창) 일등 (후창) LG! LG! LG!"가 뽑혔다.

인사말과 구호는 구본준 부회장의 지시였다. 구 부회장은 취임 후, 일선 제조 현장을 방문한 자리에서 "전사적으로 통일된 인사말이나 구호가 있었으면 좋겠다"는 뜻을 여러 차례 언급했다. 앞서 언급한 대로 구 부회장은 경쟁사와의 대결에 앞서 우선적으로 LG전자 임직원 속 자리 잡고 있었던 인식을 바꾸고자 했던 것이다.

| 에 필 로 그 |

모바일 시대의 착각과
한국 기업의 과제

아이폰과 아이패드의 핵심 포인트는 사용자환경

빌 게이츠의 마이크로소프트, 잭 웰치의 제너럴일렉트릭을 향했던 열광은 애플의 스티브 잡스에게 몰렸다. 스티브 잡스가 검은 터틀넥 티셔츠와 청바지를 입고 등장하는 날 한국의 시선은 그곳으로 쏠린다. 아이폰과 아이패드로 모바일 시대를 이끌어가는 상품을 내놓는 애플을 향한 동경 때문이다. '새로운' 제품으로 전 세계 트렌드를 이끌어가는 모습에 한국은 빠져 있다.

정말 아이폰과 아이패드는 새로운 상품인가? 엄밀하게 말하면, 답은 "아니다"이다. 아이폰에 들어 있는 부품은 기존에 이미 널리 알려진 것들이었다. 아이폰 상륙 후, 국내 소비자를 매혹시킨 정전식 터치 방식도 업계에서는 익숙한 기술이었다. 아이폰이 나온 후, IT 업계에서는 "새롭지도 않은 제품에 왜 이리 호들갑이냐?"라는 퉁명스런 반응도 흘러나왔다.

그러나 단 하나를 보고는 다들 고개를 끄덕였다. 바로 사용자환경(UI)이다. 일반 휴대폰을 사면 첨부되는 두툼한 사용설명서가 아이폰에는 없다. 기기 주변의 몇몇 키패드 설명이 담긴 소책자가 전부다. 그렇지만 사용하는 데 큰 불편함이 없다. 뒤 페이지에 저장해 놓은 애플리케이션을 사용하려면, 책 보듯 손으로 휙휙 페이지를 넘겨서 찾으면 된다. 애플리케이션을 지우고 싶을 때는 꾹 누르고 있으면 삭제 대기 모드가 된다.

애플 사용자환경 체계가 지닌 우수함의 정점은 부드러운 페이지 전환이다. 갤럭시S 사용자들이 아이폰을 보고 가장 부러워하는 부분이 페이지를 넘길 때의 부드러움이다. 삼성전자도 애플 못지않은 기술력을 지니고 있을 텐데, 정확히 말하면 삼성전자 부품 회사나 애플의 부품 회사나 큰 차이는 없을 텐데 왜 이런 격차가 발생한 것일까?

이 질문에 대해 국내에서 손꼽히는 정전식 터치 패널 제조사 사장은 이렇게 말했다. "차이는 사용자환경이다. 사용자환경의 매력을 한껏 높이는 것은 바로 그래픽 기술이다. 애플은 매킨토시 컴퓨터 시절부터 그래픽 쪽에 일가견이 있었다. 아이폰과 아이패드의 부드러운 페이지 넘김 기술은 애플의 오랜 그래픽 노하우가 녹아들어간 결과다. 기술만 갖고는 따라잡을 수 없다."

한국에도 마크 주커버그[63]가 나와야

애플의 잇따른 한국 진출을 보는 시각이 곱지만은 않다. 세계경제가 글로벌화되어 있기는 하지만, 결정적인 순간에는 '애국심'이 발휘되기 때문이다. 그리고 이들은 생각한다.

"우리 땅, 우리 기업은 무엇을 하고 있는가?"

곧바로 떠오르는 대상이 대기업이다. 한국인의 대기업 의존이 어느 정도인지는 현대 경제사를 보면 쉽게 알 수 있다. 한국이 급격한 경제 성장을 이룬 데는 대기업 중심의 선단식 경영[64]도 한몫했다. 이는 삼성, LG, SK 등 주요 대기업들이 거의 전 영역에 걸쳐 사업을 펼치고 있는 배경이다. 대기업은 곧 성공 신화의 주역이기도 했다. 외환위기 이후 IT 붐을 토대로 한 벤처 열풍이 불면서 NHN이나 엔씨소프트 등 중소기업에서도 일부 창업 신화가 나왔지만, 중소기업의 성공은 여전히 드문 일이다.

그러다 보니 자연스럽게 한국의 경제 생태계는 대기업 위주로 짜여졌다. 지나침은 화를 부르기 마련이다. 편중된 경제 구조는 부조화를 낳았다. 기업 존립 근거가 '이윤 추구'인 만큼, 돈을 버는 기업 간 경쟁은 냉혹할 수밖에 없다.

그래도 경쟁은 합리적으로 진행되어야 한다. 자금력의 규모가 다른 대기업과 중소기업 간 싸움에 있어 중소기업을 위한 역차별은 인정되어야 한다. 창의적 발전을 위한 기본 전제인 다양성을 살리기 위해서는 각기 다른 개체가 경제 생태계에서 뛰놀아야 한다. 신성장 동력 확보가 기업 대부분의 지상 최대 과제이기는 하지만, 대

기업들은 여유를 갖는 것이 좋다.

그러나 한국의 대기업들은 예전의 골목대장식 행태를 벗지 못했다. 신사업의 시장 생성 초창기, 대기업은 뒷짐 지고 경과를 지켜본다. 시장이 무르익고 돈이 벌린다 싶으면 자금력으로 중소기업을 몰아내거나 인수한다. '세계적인 경쟁력을 키우기 위해서'라는 게 대기업의 논리이지만, 있는 그대로 받아들여지진 않는다. 싹만 트고, 꽃을 피울 수 없는 사회는 개화의 아름다움을 꿈꾸지 못한다. 그보다는 이미 피어 있는 꽃만 지켜볼 수 있을 뿐이다.

모바일 시대의 필수인 창의적 다양성을 키우기 위한 가장 확실한 방법은 한국의 마크 주커버그가 탄생하도록 만드는 것이다. 억지로 끌고 가지 않더라도 일단 성공 사례가 생기면 그 뒤에 수많은 도전자가 붙기 마련이다.

삼성의 CFT와 파격적 인력 스카우트의 위력과 한계

갤럭시S는 삼성전자의 순발력을 단적으로 드러내는 사례다. 아이폰에 충격을 받은 이건희 회장의 일사불란한 지휘 아래, 삼성전자는 반년 만에 아이폰 못지않은 경쟁작을 내놨다. 이런 빠른 대응의 배경에는 삼성전자의 수많은 장점이 자리 잡고 있다. 그리고 CFT(Cross Functional Team)가 큰 역할을 했다.

CFT는 TF(태스크포스)의 일종이다. 지원부서에서 연구인력까지 전 부서를 망라해 인력을 차출해 만드는 팀을 말한다. 각 부서에서 모인 인력들은 다양한 생각을 쏟아 놓는 시발점이 된다. 아이폰 열기가 점차 뜨거워지던 때 삼성전자는 전사적으로 아이디어를 모집했고, 좋은 아이디어를 낸 인력은 곧바로 CFT로 합류했다. 이러한 노력은 스마트폰 분야에서의 확실한 위상 정립으로 이어졌다. 삼성전자 고위 임원 출신의 한 중소기업 사장은 "중소기업은 조직의 규모가 작아도 부서 간의 벽은 매우 높다"며 "CFT는 중소기업의 혁신을 이끄는 좋은 수단이 될 것"이라고 말했다.

모바일 시대를 대비하는 과정에서 삼성전자는 대대적인 인력 스카우트를 통해 통 큰 모습을 유감없이 보여줬다. 아이폰에 충격받은 한국 사회는 패배의 원천적인 원인이 소프트웨어에서 경쟁력이 뒤졌기 때문이라는 사실을 깨달았다. 정부도 조 단위로 지원 계획을 밝혔고, 산업계와 언론에서는 앞다투어 관련 인력을 키우자고 입을 모았다.

소프트웨어 인력의 중요성에 공감대가 형성되던 2010년 초, 삼성전자는 대대적으로 관련 인력을 충원했다. 중소기업부터 대기업까지 가리지 않았다. IT 업계에서는 "싹이 보이는 인력들은 모조리 데려가, 경쟁사들이 구인난에 허덕일 정도"라고 표현했다.

2009~2010년 한 해 동안 삼성전자의 전략도 한계를 드러냈다. 삼성을 이끌어온 반도체 사업에서 쓴 전략을 여전히 고수한다는 점이다. 반도체 사업에서는 더 싸게 더 많이 공급하면 더 큰 시장지배력을 얻는다. 일차원적인 전략이 통하는 사업인 셈이다. 그러나 미래 사업에서는 변수가 다원적으로 바뀌었다. 오늘날의 삼성을 만든 제조업 중심의 전략은 이제 후순위로 미룰 때다.

모바일 시대, 삼성의 최대 적은 '관리의 삼성'이다.

"《굿바이 삼성: 이건희 그리고 죽은 정의의 사회와 작별하기》의 김상봉, 김용철 저자 강연회. 난데없이 본래 강연 장소로 예정된 곳이 장소 제공 업체의 거부로 무산됐다네요. 주최 측도 이런 경우는 처음 본다고 합니다."

2010년 11월 9일 트위터로 돌아다녔던 메시지다. 사실의 진위 여부를 떠나 이 메시지는 곧바로 확산됐다. 메시지를 이곳에서 저곳으로 옮긴 이들은 "삼성은 이래서 싫다"는 댓글을 달기도 했다.

《굿바이 삼성》은 진보 신문 〈프레시안〉에서 삼성 제품 불매 운동을 제안한 김상봉 교수와 《삼성을 생각한다》의 저자 김용철 변호사를 비롯한 각계각층 전문가들이 '삼성에 대해 다시 생각해보자'는 주제로 쓴 글을 모아 엮은 책이다. 메시지의 진위는 그리 중요치 않다. 이미 '사실'로 받아들여지면서 트위터를 돌아다녔다. 이 글을 본 이들의 상당수는 메시지 자체의 진위 여부보다는 삼성의 철두철미함(만약 메시지가 사실이라면)에 혀를 내둘렀을 것이다.

제품의 품질을 엄격하게 통제하고, 판매 후에도 수리까지 완벽하게 책임진다는 의미가 함축된 '관리'의 삼성은 우리 사회에서 또 다른 의미로 쓰이고 있다. 정치·법조·언론 등 사회 전방위를 삼성의 구미에 맞게 '관리한다'는 의미로 말이다. 관리는 통제가 가능할 때 의미가 있다. 모바일 시대에는 가능한 통제의 강도가 낮아진다. 모바일 시대에 개개인의 의식이 더욱 강해지고 있다. '관리'의 이미지는 외려 자율성을 억압하는 부정적인 인상을 줄 공산이

크다. 이 같은 인식을 갖고 있는 이들에게는 삼성이 광고 등의 PR을 통해 감성을 자극하려는 노력이 위선으로 비춰질 뿐이다.

눈은 나무와 바위 등 주변의 다른 색을 띠는 자연물이 있을 때 자신이 가진 색과 본질적 아름다움을 더욱 발할 수 있다. 그러나 하얀 눈만 가득한 설원에서의 눈은 질식감을 준다. 모바일 시대에 삼성이 해결해야 한 가장 큰 적은 바로 '관리의 삼성' 그 자신이 아닐까?

LG, 방향은 잡았다! 그러나……

2010년 LG전자 하면, 떠오르는 말이 '변화'다. 2010년 10월 구본준 부회장이 새롭게 사령탑에 오르면서 LG전자는 언론을 통해 변화되는 모습을 보여주고자 애썼다. 변화라는 이름으로 과거의 LG전자라면 생각하기 어려운 모습도 보였다.

구 부회장의 임원급 인사가 그랬다. 거의 전 부문의 책임자를 바꿨다. LG전자 내부에는 '충격'이라는 말이 나왔다. CEO가 바뀌었을 때, 그의 보좌진을 새롭게 구성하는 상황은 다른 기업에서는 다반사다. 그러나 LG전자에서 큰 폭의 물갈이는 낯선 것이다. 한 LG전자의 연구인력은 "인화를 강조하는 LG에서 이처럼 단호한 인사는 매우 이례적"이라고 말했다.

LG전자는 '1등'과 '최고'를 향한 강한 열망을 드러내고 있다. 그것도 반복적으로. 그렇지만 태블릿PC, 스마트TV로 스마트폰의 전선을 빠르게 확대해도 LG전자는 뚜렷한 입지를 다지지 못하고 있다.

11월 삼성전자는 7인치 갤럭시탭을 선보이며, 9.7인치의 애플 아이패드와 다른 자신만의 영역을 만들어갔다. 본격 출시 전, 두 제품은 예약 판매부터 격전을 치렀다. 태블릿PC의 전쟁에 LG전자의 자리는 또 없다. 12월께 제품을 낼 것이라는 말이 나올 뿐이다. 한발 늦은 LG전자의 태블릿PC가 삼성전자와 애플의 경쟁작과의 전쟁에서 차별화를 할 수 있을까? 가능성은 낮아 보인다. LG전자 태블릿PC 사업에 정통한 한 관계자는 "LG전자는 내부적으로 고유의 제품을 만들지 못했다"고 전했다.

　그나마 옵티머스원이 2010년 11월 18일 현재 누적 공급량 100만 대를 돌파한 성과는 고무적이다. 10월 3일 국내 출시 후, 40여 일 만에 달성한 성과다. 북미 58만 대, 국내 27만 대, 유럽·아시아 15만 대 순으로 팔렸다.

　이러한 희소식에 LG전자 주가는 10만 원대를 회복하기도 했다. 그러나 샴페인을 터뜨리기에는 아직 이르다는 게 중론이다. 부족한 신뢰는 LG전자 탓이다. LG전자는 애플, 삼성, HTC 등 기존 스마트폰 맹주들이 밀어붙일 때 버틸 수 있는 체력을 보유했다는 사실을 아직 보여주지 못했다.

마케팅만 하던 이동통신사는 초조해졌다

　"이제 IT가 아니라, ICT다!" ICT는 모바일 시대로 접어들면서 등장한 새로운 용어다.

　IT는 Information Technology(정보기술)의 약자다. ICT는 여기에

C(Communication)가 들어간 단어다. Communication의 기업 주체는 이동통신사다.

스마트폰 시대 이전까지 이동통신사는 상대적으로 쉽게 돈을 벌어왔다. 투자금을 들여 통신망을 깐 뒤 진행하는 '관리'와 상대방 통신사로부터 고객을 뺏어오기 위한 '마케팅'에 주력했다. 이동통신사의 연간 소요 광고비 규모는 기업 간 순위에서 수위를 다툴 정도였다.

모바일 시대로 접어들면서 세상이 변했다. 우선 통화 수익만 얻던 때는 이제 지나갔다. 애플리케이션(스카이프, 수다폰 등)을 통한 공짜 전화가 가능해지면서 통화 수익도 뺏기게 됐다. 휴대폰 생태계에서 발휘하던 절대적인 힘도 아이폰이 바꿔놓은 새로운 통신 환경 속에 약화됐다. 기존에 이동통신사는 휴대폰 제조사와 콘텐츠 업체 모두에게 '갑'이었다. 휴대폰 제조사와의 수직 관계는 소비자가 휴대폰을 살 때 이동통신사를 먼저 고른 뒤, 휴대폰을 선택하는 특수한 유통 구조 때문이다. 제조사는 더 많은 매출을 위해서는 '인기 있는' 이동통신사에 제품을 깔아야만 하는 처지였다. 협력 관계라고 하지만, 역학 구도를 따지면 이동통신사에 다소 무게가 쏠리는 형국이었다.

콘텐츠 업체에게 이동통신사는 모셔야 할 상전이었다. 중·소형사가 대부분인 콘텐츠 업체들에게 이동통신사를 통해 소프트웨어를 판매하는 일은 회사의 명운이 달린 업무다. 반면, 이동통신사는 이들 중 하나를 고르면 되는 위치였다. 그러나 스마트폰 시대에 이동통신사의 힘은 떨어졌다. 애플 앱스토어상의 관리자는 이동통신사가 아니라 애플이다.

1년 사이에 판세가 변하면서 이동통신사가 바빠졌다. 이전에는 없던 각종 결합 상품과 데이터 요금제의 수가 대폭 늘어난 현실은 새로운 시대에 적응하려는 이동통신사의 분주함을 고스란히 담고 있다. 향후 이동통신사 중의 승자는 새 시대에 맞는 옷을 적합하게 그리고 재빠르게 갈아입는 곳이 될 것이다.

모바일 시대에 기업의 최대 고민은 '조직 재편'

'문화 지체(culture lag)'라는 말이 있다. 현학적으로 말하면, 빠르게 발전하는 물질문화와 그에 비해 천천히 변하는 비물질문화 간 변동 속도의 차이에서 빚어지는 사회적 부조화 현상을 뜻하는 용어다. 쉽게 풀면, 기술은 눈 깜빡할 사이에 진보하는데 관련 에티켓과 규범 등 문화적 특성은 따라가지 못하는 상황을 일컫는 말이다.

휴대폰 예절을 예로 들어보자. 집뿐만 아니라 외부에서도 휴대폰으로 상대방과 자유롭게 통화할 수 있는 세상이다. 생활은 편해졌지만, 버스·지하철 등 사람이 많은 곳에서 시끄럽게 떠드는 공공 예절에 어긋나는 행동이 잦아졌다. 지하철에서 큰 소리로 통화를 하는 사람을 심심치 않게 볼 수 있다. 거창하게 문화 지체를 언급한 이유는 IT의 기술 변화에 기존의 사고방식을 가진 사람들이 따라가기 힘들다는 점을 강조하기 위해서다.

평소 IT에 친숙하지 않은 사람들에게 기술 변화에 따라가는 일은 숨차다. 그러나 조직에게 트렌드에 부합한 변화는 '생존'과 직결되기 때문에 늦게 따라오는 이들을 기다릴 수 없다. 40~50대 중견 간부들에게 스마트폰은 공포의 대상이 됐다. 결과적으로 조직에게는 새로운 화두가 떨어진 셈이다. 새 시대로 가기 위해서는 적응할 수 있고 시대를 앞서갈 수 있는 '젊은 인력'을 대폭 늘려야 한다는 쉬운 결정을 할 수도 있다.

그러나 이러한 단순 논리가 능사는 아니다. 경험이 밑바탕이 되어야 하는 관록은 어떻게 채울 것인가? 이 부분을 개인에게 떠맡기는 경영 전략은 간편해 보이지만 효율을 떨어뜨릴 수 있다. 따라서 최대한 조직 속에서 새로운 IT를 하나의 문화로 체화하도록 이끌어야 한다. IT라는 수단에 익숙하지 않다고 개인의 창의력과 업무 능력을 폄하해서는 안 된다. 영어만 잘한다고 뽑은 사원에게 해외 영업을 무턱대고 맡긴 후 실패해봤던 CEO는 이 부분을 절감할 것이다.

모바일 시대로의 진입에 따른 조직 개편의 필요성은 관련 업계에만 한정된 것이 아니다. 사회 전체가 통째로 움직이는 현실에서 자유로울 수 있는 업종은 없다. 이제 '조직 개편'을 어찌 해야 할지, CEO의 머릿속은 복잡해질 것이다.

PR의 개념은 다시 쓰여야 한다

"제품 홍보를 위한 PR이라면, 트위터와 인터넷을 이용한다. 전통 매체의 광고는 해당 매체와의 관계 유지 차원일 뿐, '홍보'를 위함은 아니다."

한 중소기업(음식료 업체) 홍보팀장이 전한 PR 전략의 현실이다. 기존 언론 매체 입장에서는 씁쓸할 수밖에 없다. 인터넷과 모바일 등 새로운 소통 수단이 생기면서 줄어든 위상을 절감할 수 있는 대목이기 때문이다.

2000년대 초반 인터넷을 기반으로 한 온라인 세상이 오프라인과 더불어 세상을 구축하는 또 하나의 영역으로 떠오르면서 마케팅 학계는 바삐 돌아갔다. 전통의 마케팅 이론에 인터넷에서 벌어지는 새로운 소통 방식의 특수성을 더한 인터넷 마케팅은 하나의 학문 영역으로 자리 잡았다. 대학에서는 이 부분을 전담하는 강의가 생겨나기도 했다. 모바일 시대, 마케팅의 영역은 더욱 확대되어 보다 세밀해지고 복잡해졌다. 고객 접점은 머물러 있는 PC에서 움직이는 휴대폰으로 바뀌었다. 이동성도 커졌고, 접점의 개체도 더 많아졌다. CRM(Customer Relationship Management, 고객 관계 관리)도 인터넷을 기반으로 할 때와는 다른 전략이 요구된다.

소비자를 대하는 능동적 PR뿐만 아니라, CEO의 리스크를 관리하는 PR도 이전 시대와는 전혀 달라졌다. 이전엔 CEO와 오너에게는 '수비적인' PR 전략이 대세였다. 실무진들은 언론을 차단하는 데 집중했다. 긍정적인 이야깃거리를 홍보할 때를 제외하고 기자 등 언론이 CEO와 오너를 만나기는 녹록지 않았다.

그러나 트위터 세상에서는 굴지의 기업 CEO 혹은 오너와 직접 대화할 수 있는 기회가 늘었다. 대부분 신변잡기식의 대화가 주를 이루지만, 때로는 CEO가 기업의 전략에 대해 직접적으로 언급하기도 한다. 트위터에 응대를 잘하는 CEO는 친절함이라는 이미지를 기업에 더할 수도 있다. 그러나 잦은 노출은 독이 될 수 있다. CEO와 세상 간의 접촉에서 홍보맨이 할 수 있는 일은 없다. 다만, CEO의 실수로 벌어지는 해프닝을 뒤처리하는 게 전부다. 모바일 시대, 점차 젊어지고 세상과 소통에 적극적으로 변하는 CEO를 어떻게 관리해야 할지가 PR의 최대 과제로 남은 셈이다.

더욱 중요해진 패자부활전

2010년 한국의 관심은 다시 IT로 향했다. 소프트웨어 파워가 강조되면서, 2000년대 IT 버블 붕괴로 함께 사라졌던 IT를 향한 관심이 제고됐다.

대학생들도 IT에 청운의 꿈을 싣고 있다. 대표적인 사례가 2010년 10월 초 선보였던 '오빠 믿지'라는 애플리케이션(앱)이다. 이것은 아이폰의 위치 기반 서비스(GPS)를 이용해 상대방의 위치를 200미터 범위 내에서 확인할 수 있는 앱이다. 사생활 침해 논란이 일기도 했지만, '오빠 믿지'는 말 그대로 폭발적인 반응을 불러일으켰다. 접속자가 많아서 서비스가 중단되기도 했다. 이 앱의 제작사인 '원피스'는 대학생 벤처기업이었다.

성공 사례가 많으면 그 못지않은 실패 사례가 있는 법이다. 미국 벤처의 요람인 실리콘밸리의 별명은 '실패의 요람'이다. 실리콘밸리에서 성공하는 벤처의 비율은 1%에 불과하다. 나머지 99%는 야

심차게 벌인 사업을 접는다.

한 번의 실패가 '끝'을 의미하진 않는다. 실리콘밸리의 잘 갖춰진 투자 인프라는 도전을 반복할 수 있게 한다. 실패는 곧 다음에 오류를 줄이는 값진 경험이 된다. 실패해도 또다시 도전할 수 있다는 믿음은 이제껏 남들이 가지 않았던 길을 가는 밑거름이 된다. 실리콘밸리 사람들에게 실패는 말 그대로 성공의 어머니인 셈이다.

그렇다면 한국은 어떨까? 국내 벤처 업계도 생존이 만만찮기는 마찬가지다. "3년 동안 버틴 것, 그 자체만으로도 그 벤처인은 존경받을 만하다"는 말이 나올 정도다. 그러나 미국과는 다르다. 실패하면, 다시 일어서지 못할 수도 있다. 열정과 아이디어만으로 뛰어들기에는 기반 여건이 너무 척박하다. 두려움은 곧 안정지향형으로 귀결된다. 꿈을 이루고자 위험을 감수하기보다는 내키지는 않지만 생존을 위해 안정을 택하는 것이다.

모바일 시대의 생명인 소프트파워를 강하게 하는 가장 빠른 방법은 젊은이들이 도전할 수 있게 하는 것이다. 이를 위한 최선의 과제는 넘어져도 다시 일어날 수 있는 제반 여건을 조성하는 일이다. 정부는 할당식 지원이 아니라, 맘껏 뛰놀 수 있는 환경을 만드는 것을 최우선 과제로 삼아야 한다.

모바일 시대 문제는 주어졌다. 답안지 작성만 남았다.
"침착하라"

폰에서, PC로 그리고 TV로, 휴대폰 기기에서 전 디스플레이 영역으로. 이제 변화의 열기는 스마트 가전으로 확산되고 있다. 다른 분야로의 변화는 시간문제인 듯하다.

모바일 시대라는 시험에 들어선 기업들에게 문제는 일괄적으로 주어졌다. 이제 주어진 새하얀 백지에 답을 써내려가는 일만 남았다.

급하게 답안지를 채워가기보다는 우선 문제의 단어 하나하나에 대한 분석부터 시도하는 자세가 필요하다. 답안은 정해진 시간 내에만 쓰면 된다. 빨리 쓴다고 점수를 많이 주는 선착순 게임이 아니다. "모바일 시대라는데, 너도나도 새로운 시대를 준비하니까 나도 해야지"라는 식의 접근은 기존에 쌓아뒀던 점수를 깎아먹을 수도 있다. 건물 화재 때 가장 위험한 대처 방식은 남들이 가는 방향으로 무작정 쫓아가는 것이다. 남들의 움직임에 휩쓸리기보다는 현재 자신과 비상구의 위치를 파악하고 뛸지 말지를 정하는 게 급선무다.

다시 말하면, 모바일 시대의 의미 그리고 이 속에서 자신이 속해 있는 업종과 자신 회사의 장단점을 짚어보는 게 중요하다. 이 부분에 대한 심도 있는 고민은 자연스럽게 새로 열린 시대에서 기업이 나아갈 방향을 정하는 밑바탕이 될 것이다.

지난 1년간 국내 기업들의 대처 방식을 보면, '마음만 급하다'는 인상을 준다. 자신이 속한 업종과 기업 고유의 특성을 무시한 채, '남들이 하니까 나도 한다'는 식으로 접근하고 있다.

모바일 시대는 유행이 아니고, 지금 당장 따라가지 않는다고 해도 곧 사라질 것도 아니다. 그런데도 모두들 급하다. 조급함은 실무

진보다는 CEO와 오너 등 상층부에서 주로 발견된다. 경영진들은 새롭게 열린 시대에서 남들에 비해 시장을 선점해야 나중에 편할 것이라는 강박관념에 사로잡혀 있다. 그러나 급한 마음에 쏟아내는 전략들에는 대부분 충분한 사전 검토가 없다.

  문제를 파악하고, 개요를 짠 뒤 차근차근 답안을 정리해도 시간은 충분하다. 남들에 비해 먼저 답안을 제출하면, 그 당시에 순간적으로 남들에 비해 우쭐할 수 있을 뿐이다. 중요한 것은 시험 시간이 끝난 후다. "Calm Down(침착하라)!"

| 주 석 |

1) 스타택, 레이저, 레이저스퀘이드 등은 국내에서 100만 대 이상 팔렸다.

2) 한국이동통신(KMT)은 1984년 3월 설립됐다. 1994년 공개입찰을 거쳐 선경그룹(현 SK그룹)에 인수됐다. 인수 후 한동안은 사명을 그대로 유지했다. 그러나 사명이 이동통신에만 국한되는 것 같은 느낌을 줬고, 해외 시장에서는 영문 명칭 KMT(Korea Mobile Telecom)가 국영기업의 이미지를 주어서 해외 사업을 펼치는 데 효율성 측면에서 떨어진다고 판단한 선경그룹은 사명을 변경했다. 인수 후 3년째인 1997년 3월의 일이다.

3) 마이크로택 시리즈는 1996년 출시된 스타택(StarTac) 시리즈로 완성됐다는 평을 받는다.

4) Code Division Multiple Access의 약자. 미국의 퀄컴(Qualcomm)이 개발한 확산 대역 기술을 이용한 디지털 이동통신 방식이다. 사용자가 시간과 주파수를 공유하면서 신호를 송수신하므로 기존 아날로그 방식(AMPS)보다 수용용량이 10배가 넘고 통화품질도 우수하다. 한국은 정부 주도로 1993년 1월 CDMA 이동전화 상용 시스템 개발에 들어갔다. 당시 LG전자, 삼성전자, 현대전자 등이 참여했다.

5) Personal Communication Services의 약자. 1980년대 말 영국의 BT

(British Telecom)가 처음 개념을 제시한 이동통신 시스템이다. 2.5세대 이동통신이라고 불린다. 기존의 시스템보다 경제적인 가격으로 고품질의 지능망 서비스를 제공할 수 있다는 장점이 있다. 그러나 상용화에는 실패하여 강점을 충분히 활용하지 못한 채 주파수를 달리하는 이동통신 서비스로 한정되었다.

6) 'Global System for Mobile communication'의 약자. 유럽전기통신표준협회에서 제정한 휴대폰 통신 시스템의 표준 규격.

7) MP3 기능은 2004년부터 휴대폰의 기본 기능으로 자리 잡았다.

8) 아이폰 대항마로 삼성이 출시한 갤럭시S의 별칭도 '이건희폰'이었다. 이는 삼성이 갤럭시S에 자존심을 걸었다는 뜻으로 풀이됐다.

9) 삼성전자의 모바일 제품 전용 홈페이지인 삼성모바일닷컴(Samsungmobile. com)에 따르면, 2010년 6월까지 삼성전자가 출시한 스마트폰은 총 12종이다(갤럭시S 포함).

10) 애플리케이션을 앱스토어에 올리기 전 심의 과정 유무는 아이폰 체계와 안드로이드 체계의 큰 차이다. 애플 CEO인 스티브 잡스는 고객들에게 보낸 이메일에서 "애플의 애플리케이션에는 포르노를 허용할 수 없으며 포르노를 원하는 사람들은 안드로이드로 가라"고 했다(〈샌프란시스코 크로니클〉, 2010년 4월 20일). 애플 고객이, 일부 애플리케이션을 애플 측이 차단해온 관행에 대해 우려하고 있다는 내용의 질문을 했고 잡스는 고객의 질문에, "일부 애플리케이션을 차단한 것은 '실수'이지만 포르노를 허용할 수는 없다"는 입장을 밝힌 것이다. 이 독설에는 아이폰 애플리케이션 관리 시스템에 대한 스티브 잡스의 자신감이 반영돼 있다.

애플은 애플리케이션 관리를 통해 선정성 등을 거른다. 대표적인 예로,

비키니는 가능하지만 속살을 보이는 것은 불가하다. 그래서 애플 애플리케이션에는 포르노가 없다.

이에 반해, 관리 주체가 없는 구글은 포르노가 횡행할 여지가 충분하다. 바로 이 점을 근거로 잡스는 안드로이폰을 몰아세운 것이다. 실제 잡스는 "우리는 포르노를 차단해야 할 도덕적 책임을 지고 있다고 믿는다"고 말했다.

11) KT가 무선 랜 제한을 시도한 것은 아이폰의 무선 랜 기능을 사용자 선택으로 개방할 경우 스카이프 등 인터넷 전화 사용이 확대돼 수익성이 줄어들 것에 대해 경계하고, 네스팟(Nespot)의 활성화, 유·무선 통합(FMC) 서비스 확대도 염두에 둔 포석으로 해석된다.

12) 폰스토어(phonestore.show.co.kr)는 KT가 온라인상에서의 신뢰할 수 있는 휴대전화 거래를 보장하기 위해 2009년 8월 직접 개설해 운영하는 사이트이다.

13) 한국 이동통신사는 고객 유치를 위해 두 가지 방법을 쓴다.

첫 번째가 번호이동이라고 불리는 방법이다. 3G 통신망 도입으로 010이 도입되기 전에 이동통신사마다 고유의 국번을 사용했다. SK텔레콤은 011과 017, KT는 016, LG텔레콤은 019였다. 이에 따라 국번 이동은 곧 통신사 변경을 의미한다.

다른 하나는 신규 개통이다. 생전 처음 휴대폰을 개통하는 것과 같다.

이 두 가지 방법으로 기기를 변경하면 통신사를 유지할 때보다 더 많은 보조금 혜택을 주기 때문에 한국 소비자들은 휴대폰 변경 시 두 방법 중 하나를 즐겨 사용한다. 이동통신사들은 이 과정에서 경쟁사로부터 더 많은 가입자를 유치해 오기 위해 출혈경쟁을 벌이기도 한다.

이동통신사는 번호이동보다는 신규 가입을 선호한다. 신규 가입을 하면 소비자가 종전에 사용한 기록이 모두 사라지기 때문이다. 이렇게 되면 이동통신사는 종전 사용 기록 등을 근거로 한 마일리지 서비스 등의 부담을 할 필요가 없어지게 된다. 보조금 규모도 신규 가입이 번호이동보다 크다.

14) 일본에서 3G 모델까지 아이폰의 흥행은 부진했다. 2년 약정 시 돈을 내지 않고 받을 수 있는 공짜폰으로까지 전락했다. 그러나 아이폰 3GS는 판매 직후인 2009년 7월 샤프(Sharp), 파나소닉(Panasonic) 등 현지 업체를 제치고 가장 많이 팔렸다.

15) 2010년 6월 29일 발표. 다른 나라에 비해 비싸게 팔리는 품목 가운데 국민의 실생활과 밀접한 연관이 있거나 소비자 물가지수 가중치가 높다고 판정된 품목 30개를 엄선했다. 구체적인 선정 사유는 정부의 생활필수품 관리 품목, 산업 집중도가 높은 품목, 고가 품목, 10대 수입품, 소비자 물가지수 가중치가 높은 품목, 신기술 품목, 언론의 관심 품목 등이다.

16) 2005년 9월 애플은 ROKR폰과 함께 아이팟 미니를 대체할 아이팟 나노도 선보였다. 아이팟 나노의 크기는 아이팟의 5분의 1, 아이팟 미니의 3분의 1이고 중량은 42.5g에 불과했다. 그러나 저장 용량은 기존 아이팟 모델 못지않았다. 아이팟 나노(4GB)는 최대 1000곡의 노래나 2만 5000장의 사진을 저장할 수 있다.

17) 사용자가 컴퓨터를 사용할 수 있는 환경을 설계하는 것.

18) 컴퓨터 등 IT 기기의 모니터 화면에 나타난 내용이 상하·좌우로 움직이는 것.

19) Wideband Code Division Multiple Access의 약자.

20) GB=Gigabyte

21) AMOLED는 Active Matrix Organic Light-Emitting Diode의 약자로 능동형 유기 발광 다이오드를 말한다. 본래 '에이엠 오엘이드' 또는 '에이엠 올레드'가 올바른 발음이지만, 삼성전자가 '아몰레드' 마케팅을 펼침에 따라 국내에서는 일반적으로 '아몰레드'로 발음하고 있다.

22) WiFi는 Wirelss Fidelity의 약자로, 무선 접속 장치(Access point)가 설치된 곳의 일정 거리 안에서 인터넷을 할 수 있는 근거리 통신망을 말한다.

23) 3Generation의 약자. 1970~1980년대의 아날로그 휴대폰을 1세대, 1990년대 이후 휴대폰을 2세대로 칭한다. 3세대 휴대폰은 이보다 한 단계 진화된 모델이다. 3G 휴대폰은 반경 2~3km 안에 있는 기지국이나 중계국으로부터 무선으로 정보를 주고받는다. 요금이 비싼 이유는 3G 서비스를 위한 기지국 및 중계국 등의 시설 투자 비용 때문이다. SK텔레콤과 KT는 3G 서비스용 시설 투자비로 5조 원 이상 쓴 것으로 알려졌다.

24) 인터넷 등 네트워크를 통해 전송하기 쉽도록 자른 데이터의 전송 단위. 패키지(package)와 버킷(bucket)의 합성어.

25) 휴대폰으로 전화를 걸 때 수신자가 전화를 받기 전까지 재생되는 음악 또는 다른 음향 효과를 가리키는 말이다. 2002년 SK텔레콤이 처음 이 서비스를 제공하면서 붙인 브랜드 이름이다.

26) 정보통신 · 전파관리 · 우편 · 우편환 · 우편대체 · 체신예금 · 체신보험 등에 관한 사무를 관장했던 중앙행정기관이다. 그런데 2008년 2월 정부조직법 개정에 따라, 일부는 산업자원부, 과학기술부 일부와 통합하여 지식경제부로, 일부는 문화관광부와 통합하여 문화체육관광부로 개편되었다.

27) 2009년 6월1일 KT에 합병됨.

28) 정부와 당시 여당인 열린우리당은 2006년 9월 27일 "2007년부터 휴대폰 무선 인터넷 요금을 30% 인하한다"고 밝혔다.

29) 중국 통신법을 근거로 중국 정부는 아이폰의 무선 랜 사용을 규제했다. 무선 랜 탑재 여부를 두고 애플과 중국 정부는 아이폰이 처음 출시된 2007년부터 2년간 협상을 벌여왔다. 결국 무선 랜을 제거한 채 아이폰이 2009년 10월 30일에 출시됐다. 아이폰은 중국 본토 출시 전 홍콩 암시장을 통해 200만 대 이상 팔린 것으로 알려졌다.

30) 기준 시점=2010년 1월 6일.

31) 스마트폰 애플리케이션 부분에서 가장 논란이 되는 부분이 '포르노(pornography)'다. 애플은 비키니 수영복은 허용하되, 여성의 가슴과 성기 등 주요 부위가 노출되는 것은 금지한다. 반면, 안드로이드폰의 앱스토어에는 애플처럼 중간 검열자가 없다. 사전 심의가 없기 때문에 포르노 등 음란물이 게시될 가능성이 높다. "포르노를 보려면 안드로이드폰을 이용하라"는 스티브 잡스의 말은 애플 앱스토어의 사전 검열 시스템에 대한 자신감에서 비롯된 것으로 볼 수 있다.

32) 텍스트를 작성하거나 선을 그리는 데 사용되는 컴퓨터 입력 장치.

33) 2010년 4월 27일에 출시된 삼성전자의 첫 안드로이드폰.

34) 삼성은 휴대폰, 노트북, MP3 플레이어 등 자사의 IT 기기 소개를 위해 삼성모바일닷컴(samsung mobile.com)이란 홈페이지를 만들었다. 여기 게시된 갤럭시A 소개 자료에 따르면, '특장점' 코너에서 세 번째로 정전식 방식을 언급했다. 삼성전자는 '부드러운 터치'라는 제목 아래 "사람의 손과 같이 미세한 전류가 흐르는 도체만 인식하는 정전식 터치스크린을 채용해 부드러운 감도의 터치가 가능하다"고 기술했다.

35) 2010년 1월 27일 애플은 아이패드(iPad)를 공개했고 2010년 4월 3일부터 온라인을 통해 판매했다. 아이패드가 올릴 수익 부분도 주가에 반영됐다.

36) 미국에서 아이폰은 AT&T에만 독점 공급된다. 애플은 한 국가에서 하나의 통신사에만 아이폰을 공급한다. 일본에서는 소프트뱅크(Softbank), 한국에서는 KT가 애플의 파트너이다. 그러나 최근 들어 애플은 일부 국가에서 복수 사업자 정책을 추진 중이다. 이는 '아이폰의 위상은 이동통신사와 맞설 수 있다'는 애플의 자신감을 방증한다. 아이폰 유통에 있어서 전략 변화를 예상할 수 있는 대목이다.

37) KT경제경영연구소, 〈아이폰 고객의 애플리케이션 이용 행태 분석〉. 아이폰 사용자 800명으로부터 2010년 1월 14~29일까지 16일간 아이폰 바탕화면 사진을 전송받아 분석함.

38) 로아그룹(Roa Group)은 "애플의 아이폰 OS는 그 종속성으로 인해 (이동통신) 사업자들을 갈등하게 만들고 있다. 안드로이드가 스마트폰을 넘어 e북이나 디지털 TV, 전자액자 등 이른바 이머징 디바이스의 진화에 최적인 플랫폼이다"라고 분석했다(2009년 12월 30일).

39) 슬라이드 휴대폰의 화면 부분과 자판을 연결하는 부품.

40) High Speed Uplink Packet Access(고속 상향 패킷 접속)의 약자. HSUPA는 3세대 이동통신 규격 중인 하나인 HSDPA(고속 하향 패킷 접속)에서 업로드 속도를 증가시킨 규격이다. 흔히 3.5세대(G) 이동통신 서비스로 불리는 WCDMA/HSDPA보다 한 단계 진일보한 차세대 기술이다.

41) 삼성전자의 표현.

42) 방송통신위원회와 한국인터넷진흥원의 조사 결과, 2010년 7월 14일.

43) 옴니아2의 가격 조정에서는 삼성전자보다는 SK텔레콤의 부담이 더 컸던 것으로 파악된다. 휴대폰의 판매가는 제조사의 출고 가격에서 유통사, 제조사, 대리점 간 갹출한 보조금을 뺀 금액이 된다. 삼성전자는 옴니아2의 출고가를 4만 4000원 일률적으로 인하한 것으로 알려졌다. 나머지 할인 분은 이동통신사인 SK텔레콤을 포함한 유통망에서 떠맡았다는 결론이 나온다.

44) 실제 삼성전자 임직원들에게 배포된 갤럭시S의 수는 절반 수준이 될 수도 있다. 대부분의 삼성전자 임직원이 지급받은 갤럭시S를 쓰기 위해서는 기존 휴대폰 계약으로 인한 위약금을 물어야 하기 때문이다. 삼성전자는 위약금까지는 지급하지 않았다. 대신 갤럭시S의 수령 여부를 각 개인에게 자율적으로 맡겼다.

45) 렉스 칼럼, '삼성전자', 〈파이낸셜 타임즈〉, 2010년 7월 7일.

46) 삼성전자가 독자적으로 개발한 모바일 OS다. 2009년 12월 8일 영국 런던에서 최초로 공개했다.

47) 모델명: LG-SV590(SKT), LG-KV5900(KTF), LG-LP5900(LGT).

48) 2007년 4월 돌파.

49) 2009년 10월, 아이폰 국내 도입이 임박하던 그때 LG전자는 뉴초콜릿폰을 내놨다. 초콜릿폰이면 아이폰도 잡을 수 있을 것이라 본 것이다. 뉴초콜릿폰의 마케팅 포인트는 초콜릿폰과 꼭 닮았다. LG전자는 아이폰에 쏠렸던 젊은 감성을 초콜릿 닮은 모형과 소녀시대, f(x) 등 당대 최고의 연예인을 내세운 광고로 끌어올 수 있을 것이라 생각했다. 만약 초콜릿폰이 초대박을 치지 않았다면 시대 변화에 대한 LG전자의 긴장도는 더 컸을 것이고, 대비 태세 또한 달라질 수 있었을 것이라고 생각한다.

50) 주식 시장에서 새로운 사건이나 현상이 발생해 관련된 종목이 관심주가 되어 상승세를 타는 일이 있다. 이렇게 주가를 움직이는 요인을 테마(theme)라고 하며, 이에 따라 움직이는 주식을 테마주라고 칭한다.

51) 과거 52주(약 1년) 대비 최저가.

52) 2009년 1분기 사업 보고서(2009년 5월 5일 발표)에서 나온 표현.

53) "분석: 무엇이 스마트폰인가?", 〈실리콘닷컴〉, 2006년 2월 13일.

54) Personal Digital Assistant의 약자.

55) 위키피디아, 2010년 5월 30일.

56) 삼성전자가 2010년 4월 안드로이드 OS 기반의 갤럭시A를 출시하면서 애플리케이션 마켓을 만들었지만, 앱스토어처럼 활성화되지는 못했다.

57) 한국에서는 햅틱 아몰레드(Haptic AMOLED)란 이름으로 출시됐다.

58) 네티즌들이 이메일이나 다른 전파 가능한 매체를 통해 자발적으로 어떤 기업의 제품을 홍보할 수 있도록 제작하여 널리 퍼지도록 유도하는 마케팅 기법을 말한다. 컴퓨터 바이러스처럼 확산된다고 해서 이런 이름이 붙었다. 2000년 말부터 확산되면서 새로운 인터넷 광고 기법으로 주목받기 시작했다.
기업은 유행이나 풍조 등 현실의 흐름을 따라가면서 네티즌들의 입맛에 맞는 엽기적이거나 재미있고 신선한 내용의 웹 애니메이션을 제작, 인터넷 사이트에 무료로 게재하면서 그 사이에 기업의 이름이나 제품을 슬쩍 끼워 넣는 방식으로 간접광고를 하게 된다. 이에 흥미를 느낀 네티즌이 다른 네티즌에게 전파하면서 화제가 되고 자연스럽게 마케팅이 되는 것이다.

59) 일본 최대 온라인 리서치 기업인 마크로밀(Macromill) 한국 법인의 설문 결과. 2009년 9월 4일 발표된 보고서에 따르면, 응답자의 20.9%가 "아이폰의 제조사는 삼성전자"라고 답했다. 이 같이 답한 응답자가 30대와 40대에서는 각각 23.7%와 27.6%에 달했다.

60) 매년 미국 라스베이거스에서 열리는 세계 최대 전자제품 전시회.

61) 비즈니스위크는 보스턴컨설팅그룹과 함께 지난 2005년부터 매년 '세계 50대 혁신 기업'을 발표한다. 세계 각국 1590명의 최고경영진을 대상으로 한 혁신 제품·고객 경험·사업 모델 등에 관한 설문 조사 결과, 주주 수익률, 최근 3년 매출 성장률, 최근 3년 이익 성장률을 기준으로 한다. 각 항목별 가중치는 설문 조사 결과가 80%로 가장 높고, 주주 수익률 10%, 최근 3년 매출 성장률 5%, 최근 3년 이익 성장률 5%이다. 이를 토대로 최종적으로 50대 기업이 선정된다. 2005년부터 한 기업이 1위를 놓치지 않고 지켜왔다. 바로 애플이다.

62) 공모는 2010년 10월 7일부터 15일까지 진행됐다. 전체 임직원 중 841명이 참여했다.

63) Mark Elliot Zuckerberg. 페이스북(Facebook) 대표. 1984년 5월 14일생. 2004년 2월 4일 하버드대학 재학 시절, 기숙사 방에서 페이스북을 만듦. 2008년 포브스 선정 최연소 자수성가형 억만장자로 기록.

64) 船團式經營, 선단이란 항공모함 이동 시 순양함과 구축함 등이 주변을 호위하여 항해하는 단위를 가리키는 군사 용어이다. 대규모 기업 집단의 경영이 선단과 비슷한 형태라는 데서 붙여진 이름이다.

KI신서 3050

2등은 없다

1판 1쇄 인쇄 2010년 12월 27일
1판 1쇄 발행 2011년 01월 03일

지은이 김대원 **펴낸이** 김영곤 **펴낸곳** (주)북이십일 21세기북스
출판콘텐츠사업부문장 정성진 **출판개발본부장** 김성수 **경제경영팀장** 류혜정
진행·디자인 네오북 **해외기획팀** 김준수 조민정
마케팅영업본부장 최창규 **마케팅** 김보미 허정민 김현유 **영업** 이경희 우세웅
출판등록 2000년 5월 6일 제10-1965호
주소 (우 413-756) 경기도 파주시 교하읍 문발리 파주출판문화정보산업단지 518-3
대표전화 031-955-2100 **팩스** 031-955-2151 **이메일** book21@book21.co.kr
홈페이지 www.book21.com **21세기북스 트위터** @21cbook **블로그** blog.naver.com/book_21

ISBN 978-89-509-2806-3 03320
책값은 뒤표지에 있습니다.

ⓒ 김대원, 2011

이 책 내용의 일부 또는 전부를 재사용하려면 반드시 (주)북이십일의 동의를 얻어야 합니다.
잘못 만들어진 책은 구입하신 서점에서 교환해 드립니다.